點樣劃條鐵

香港鐵路規劃101

Timothy Chan & Owen Leung
@ 香港鐵研 HKRDG

非凡出版

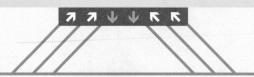

推薦序
PREFACE

邱益彰 Gary Yau
「道路研究社」創辦人

　　鐵路系統在大城市中扮演至為重要的角色，發達的鐵路網絡亦能反映出城市的地位。不過若要評價一個城市的鐵路系統是否優質，不能單靠路綫和車站的數目去衡量。除了提供方便、舒適、安全的乘車體驗，且更應着重其背後的考量 —— 鐵路規劃。有些人會以為規劃很簡單，就好像玩城市建設遊戲《Cities: Skylines》般，擁有無限金錢就可以隨意興建鐵路。但現實並非如此，鐵路規劃受城市人口流動影響，且要符合成本與經濟效益。而興建、營運以及維護一條鐵路系統的成本極高，如果起完一條鐵路但極少乘客，這化算嗎？

　　說起興建鐵路，就讓我想起卡通片《多啦 A 夢》中的一集〈自建地下鐵〉，主角野比大雄為了讓爸爸更舒適地通勤，與多啦 A 夢興建了一條私家地下鐵連接家中和公司，並當作生日禮物送給爸爸。然而在欠缺規劃下，兩人開着一部鑽挖機在地底亂掘隧道，結果遇上不少困難；例如不小心掘到大海、女性澡堂、動物園獅子籠、警署等，又因地質過硬而導致機器過熱。幾經辛苦才起到一條地下鐵路，趕及在爸爸生日當日通車。私家地下鐵開業首日，爸爸就乘坐大雄和多啦 A 夢駕駛的列車上班。不料途中發現有人阻塞路軌，原來是「正牌地下鐵」正在施工，工人指大雄不可以擅自在此駕駛列車，而且地底是重要資源，應為廣大市民服務，而非為少數人。結果大雄的私家地下鐵通車不足一日就被

廢止，要另覓方法送爸爸返公司。

　　小時候的我都曾幻想過興建一條私家地下鐵，不過就算擁有多啦A夢的法寶，也難以在香港實現。事關香港地底佈滿密密麻麻的電纜、水管、隧道等等，更遑論有多餘空間興建一條私家隧道，還要考慮到供電、通訊、軌道、訊號、通風、消防等問題，這可能出動多啦A夢也不能輕易解決。

　　鐵路規劃滿有學問，並且牽涉多個範疇，包括城市規劃、土木工程、環境保護、經濟、法律、政策等等，是一門跨領域的重要課題。向來在鐵路迷群體中，大多數的討論止於路綫和列車。而香港鐵路發展研究組（香港鐵研）的研究領域由人文、規劃、工程、歷史角度出發，例如《尋根究底：西鐵的前世今生》、《謎之鐵路規劃》等題材，揭露不為人知的香港鐵路規劃史。

　　《點樣劃條鐵 —— 香港鐵路規劃101》詳盡地解構香港鐵路規劃，作者Timothy和Owen用心編排及分析，將零碎的文獻資料集合起來，配合大量精美繪圖、地圖，讓讀者沉浸式參與鐵路規劃，相信讀畢此書能以一個嶄新的角度認識香港鐵路。

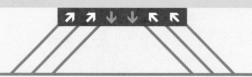

推薦序
PREFACE

紀俊安 Aaron Kei
「火車未到站 Train Not Arriving」創辦人

　　連繫港九新界的鐵路，與香港人的生活日常息息相關：行街、睇戲、食飯、返工、返學，大家總會穿梭車站大堂、登上月台、踏上列車。但大家可曾思考過，鐵路隧道如何穿越縱橫交錯的地下空間，每一座車站怎樣從都市內拔地而起？面對種種挑戰和限制，甚麼路網和車站佈局最能滿足到城市需要？在此誠意推薦各位閱讀香港鐵路發展研究組（香港鐵研）的《點樣劃條鐵 —— 香港鐵路規劃 101》，為眾讀者解答上述疑問。

　　一條鐵路由圖紙上的芻議，到最終實現成真，這段動輒以十年計的歷程，全賴不少工人、各種專業、鐵路從業員付出大量勞力、流過不少汗水。興建鐵路成本不菲，乘客期望資源能夠直接惠及自身，甚至希望車站出口直接建在自己家門前，方稱得上「用得其所」。牽涉的政府部門、公用事業機構、發展商、地區人士眾多，各有意見和期許。然而，鐵路建造及營運有特定的技術要求和條件。在香港這個彈丸之地，如何因地制宜選取最合適的鐵路系統和模式，箇中的考慮和抉擇值得各位深究。

　　隨着社會進步，大眾對環境保護、消防逃生要求、通達設計等議題更顯關注。加上在人煙稠密的城市內進行大型基建工程，無疑對新鐵路的規劃、興建甚至營運帶來不少限制和挑戰。當鐵路技術持續改進，修建新鐵路所面對的各式各樣難題，能以創新

的方式克服。而如何平衡不同持份者的訴求並作出取捨，則考驗鐵路營辦商的溝通及傳訊功力。當年輕的鐵路迷哼着「鐵路通車很興奮」歌詞、表現對新鐵路啟用的期盼之時，背後其實是工程團隊多年來「過五關斬六將」的結晶。

要將香港鐵路規劃過程有系統地整理並非易事。大家習以為常的車站設計，例如出口安排、月台安排等亦大有學問。筆者二零零九年首次參與沙田至中環綫九龍城段的公眾諮詢大會，親歷居民如何就鐵路走綫及工地安排等，透過各種方式向政府及鐵路公司表達訴求。這些閱歷啟蒙我對了解鐵路規劃及政策的好奇心，但年輕的我若要了解當中的來龍去脈，卻感無從入手。喜見香港鐵研成員 Timothy 和 Owen 翻閱多份文獻及地圖探古尋源，扼要概括香港築建各條鐵路的程序和考量，並透過相對淺白的文字和現實的例子彙集成書。

香港鐵研自二零一五年的創立及發展，筆者有幸見證組織的成長：由初時提出天馬行空的構想，到後期發表精闢的真知灼見，現在更進一步出版書籍。組織雖名曰香港鐵路發展研究組，但絕不代表他們盲目支持任何鐵路發展，反而是「愛之深責之切」般從不同角度，提出具建設性的意見。有見十年間香港鐵研成員的進步，成員數目有所增長，足證長江後浪推前浪的重要。鐵路迷在鑽研自己的興趣範疇之時，若能加以發揮和運用自身專長，其實能對社會作出貢獻。同時寄語大家共同努力，讓鐵路迷群體蓬勃發展。

　　近年政府規劃多項新鐵路項目，連接北部都會區、東大嶼都會等策略性發展區，鐵路規劃議題更值得社會大眾關注。《點樣劃條鐵 —— 香港鐵路規劃 101》這本入門書籍生於逢時，讀者在反思鐵路發展利弊的同時，更希望大眾透過不同平台積極表達意見，讓鐵路的規劃及營運更貼近乘客所需。

推薦序
PREFACE

謝耀漢 Joseph Tse
「香港電車文化保育學會」創辦人

　　一條鐵路由研究、規劃、工程展開到通車，是一個漫長和複雜的過程。車站的長度、車卡的數量、出入口的分佈、其他接駁交通的配套等，都是一門學問，足以影響大眾出行的優先選擇。數十年來，鐵路一直在港人生活中佔有很大的比重。由昔日上一代搭火車往來粵港兩地遊玩探親、攜帶物資，那些年宣傳鐵路又快又方便的廣告，以至現今上班上學或是假日外出，搭鐵已經成為我們日常生活的一部分。

　　昔日港島電車曾經計劃跨過大海到九龍及發展新界西北網絡，假若成事就可能不會有今天的輕鐵。電車和鐵路的共同點，都是走在鐵軌上，雖然載客量不及鐵路，但至今電車仍然發揮其短途接駁的輔助交通角色。

　　認識 Timothy 始於疫情期間的電車展覽，在大多數港人都減少出門的氛圍下，仍然願意連同其他鐵路迷組織到場支持，銘記在心。

　　可惜交通迷的熱情往往被外界批評或負面標籤，其實過去式的列車或多或少盛載着你我的集體回憶。Timothy 成立香港鐵路發展研究組，展現追車影相的毅力之餘，還精於研究歷史檔案和繪畫插圖，再以圖文分析，與大眾分享，更聯同其他鐵路迷組織和當局交涉，提供建議，逐漸獲得關注。例如柴油機車得到復修、

輕鐵二期及舊東鐵綫翻新列車的部分退役車卡捐贈予學校作活動教學用途等，讓大眾以至年輕一代得以認識，這群幕後功臣應記一功。

早前興建交通博物館掀起討論，相比世界其他地方例如廣州、日本、英國等，其交通博物館都有豐富的展示內容，吸引遊人參觀，香港擁有悠久的鐵路發展歷史，當局在鐵路為本的規劃上，亦應好好運用。

然而關於鐵路歷史和發展的書籍多由外地人撰寫，華人幾乎寥寥可數，官方的文獻亦很有限。Timothy 在本書中以豐富的插圖和淺白的文字，由淺入深地分析鐵路建設的源起、帶來的社會經濟效益、以及面對的挑戰等，讓我們能夠有所了解。書中亦引用大量歷史文獻，生活化地分析鐵路不同時期的鐵路發展，補充了不少鐵路歷史的空白。這不只是由鐵路愛好者的角度記錄，更是從普羅大眾的角度探討，是一部鐵路百科全書。相信鐵路迷會熱捧之餘，我期望大眾能夠拿掉「鐵膠」的片面印象，認識和支持這班年輕人肩負的使命。祝願一紙風行！

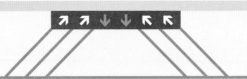

推薦序
PREFACE

黃宇軒博士 Sampson Wong
香港城市研究者及藝術家

　　這幾年以來，時時提到，各種各樣觀察、書寫與分析城市不同「組件」的社交媒體專頁加起來，共同形成了一股力量，「萬眾一心」地令香港人對這座城市的構組與運作，有了不可思議的濃厚興趣。

　　這種知識普及和推廣的意志，在我心目中，是真正讓本來客觀存在的這座都市，變得「真係好靚」的最大原因，我把所有這些專頁、團體與自媒體，稱之為「普及城市文化」(popular urban culture) 的推手。他們一起，讓關心城市文化，變成了一件普及的事，而大家在日常生活中也會記得去閱讀與吸收這些資訊與內容。

　　在繁花多樣、普及城市書寫的「流派」中，「交通派」必不可少。一直都很喜歡閱讀把目光聚焦在特定交通工具和移動形式的內容創作者，因為我認為他們總是很有力的在揉合與接合跨界別的關注，要讓一種交通工具的關注者喜歡讀、也要讓大眾關心政策，有時要重組歷史。

　　這種觸類旁通的功夫，總是讓我大開眼界，他們往往最全面地展示了，即使你只定下單一焦點，從城市的一種「組件」出發，往往你的腳步與視野，就會被帶到數不完的角落與領域。

　　香港鐵研 HKRDG 正是這種教我折服與由衷欣賞的民間力

量與普及城市文化浪潮中的一員，從生活到規劃，再從歷史到未來發展，他們平常都一概涉獵和用心書寫。

這次其成員陳灝文及梁俊彥特意選了一個人皆關心的大課題，「點先起到一條鐵路」，深入淺出地解說與講故事。我們都知道甚麼是「科普」，現在在香港百花齊放的，可以說是一種「城普」，將城市知識普及的熱情嘗試，而這本書可說是「城普」一次非常精湛的示範。

我一邊讀也一邊想，這樣的好書，實在來得太遲了。不過，黃昏未晚，但願他們繼續一個一個課題寫下去，這股「城普」的力量，也許只是剛剛開始。

自序
PREFACE

陳灝文 Timothy Chan
香港鐵路發展研究組成員

為何要寫《點樣劃條鐵》？

時鐘搭正清晨五時許，當出口的捲閘徐徐打開，一群滿腔熱血的年青人毫無懸念地走進新車站，齊齊迎接首班列車開出。

在普天同慶的背後，往往蘊藏着一段不為人知的規劃故事，這些故事可追溯回十年前以至更長的時間。但一般香港人對鐵路的印象，只徘徊於肉眼能看見的東西如車廂、出入閘機、指示牌、扶手電梯……卻沒想過這些日常毫不起眼的設備都經過繁複的考量和計算，才能準確地呈現於公眾眼前。

再退後一步想想，整條鐵路的走綫和車站的設計都牽涉層面更廣的規劃理論、工程學以至到法規程序，而且每一項專業範疇都必然會互相掣肘，因此在設計與建造的過程上都需要極度依賴相關專業人士，透過互相協調來取得平衡點，從而讓整個項目能順利進行。由於一般人難以從外間渠道得知這些過程上的細節，因此鐵路規劃經常引起公眾的疑問和非議。我期望透過這本書，讓市民從專業人士的角度了解鐵路規劃。

多項美國及國際機構的研究都指出，憑着擁有龐大兼高效的鐵路系統，香港公共交通系統多年來都擠身全球第一。二零二四年鐵路公司發佈業績時，也提及到香港鐵路的市場佔有率已佔整

體專營交通市場的百分之五十。在短短半個世紀間,香港從一條只有單綫運行的九廣鐵路(英段)發展成首屈一指的大型重鐵系統,要令市民高度依賴鐵路交通,除了有賴優質的營運管理體系之外,工程師心思細密的規劃也功不可沒。

本書將延續「謎之鐵路規劃」系列,從解析理論的角度出發,帶領讀者深入認識過往香港的鐵路項目。

心路歷程

在這本書面世的一年前,我從來沒有想過會有出書的一天。直至去年逛書展找《香港道路探索 —— 路牌標誌 x 交通設計》作者 Gary 簽書時,才突然被告知非凡出版計劃出版以鐵路為主題的書籍,並且即場向編輯介紹希望由我擔任這本書的作者。對於這個突如其來的邀請,當時毫無心理準備的我仍然猶豫,最後在 Gary、Joseph 以及一眾香港鐵研成員的鼓勵下,決定昂然接下這個重任之棒。

在時間極之緊絀的創作過程中,要面對堆積如山的困難。首先有不少專業知識均超出了我過往所認識的範圍,例如運輸模型、消防工程及社會科學等等,因此我先要花時間閱覽大量文章及檔案,再將雜亂的資訊逐一疏理與整合。到編寫文章時,由於要顧及對鐵路並不熟悉的讀者,因此在用字上都要多次修飾,盡量以淺白的文字去迎合大眾口味,相反較抽象的概念以及複雜的數據就採用大量自家製圖表達,達至平衡不同讀者群的需要。

我曾經在網上留言「一本好的書籍,應該由鐵路作為中心點去了解背後的歷史、社會現象及科學技術,以達至增廣見聞的目的。」因此在兌現這張支票的過程中,我常用平行時空的概念不斷穿梭各個年代,去逆向思考當年左右鐵路規劃背後的社會環

境。另一方面，確保資訊的準確性也是我創作過程中最重要的核心價值之一，所以這本書普遍採用當時工程項目的稱呼。

雖然在創作過程中曾面對惡意批評和壓力，但感謝身邊仍有許多朋友給予無比的包容和支持，才讓我有信心將所有困難一一克服，在此要特別感謝 Joseph 在身心上皆給予支持，也感謝前輩、同輩及後輩在創作過程上給予寶貴的支援。

過往香港的鐵路書籍只圍繞營運和歷史，這本書正好填補了這塊鐵路規劃的空缺。《點樣劃條鐵 —— 香港鐵路規劃 101》並不是我對鐵路的總結，相反希望這本書能啟發更多人投入鐵路研究，發掘出更多不為人知的一面，也希望香港人看完這本書後，能夠從新角度重新發現香港的鐵路！

自序
PREFACE

梁俊彥 Owen Leung
香港鐵路發展研究組成員

出書一事，從來不在我的人生計劃清單上，也沒預料會有這個機會。一切能夠成事實在感激非凡出版的邀請，並且支持講解鐵路規劃的想法，背後的團隊亦努力協助我們，使得成品能順利面世。製作一本近二百頁的書並非容易，除了寫作外還要兼顧不少額外製圖，香港鐵研團隊中其他成員也為是次出版付出不少精力及時間，必須特別感謝他們的鼎力協助，才能使此書順利完成。一眾友好人士及組織的支持亦功不可沒，各方在不同範疇上提供十分專業的意見和評價，為內容錦上添花，我們對此感激不盡。

小時候居住於元朗，不時要乘坐西鐵出入市區，只記得列車走得很快、很有速度感，也不知甚麼時候開始漸漸喜歡上西鐵，會期待下一次的旅程。年紀尚輕的我對鐵路系統其實甚麼也不懂，只是單純地希望長大後可以做個工程師把鐵路建到居所樓下（想不到原來少時，已經是鐵路加物業模式的「擁躉」！），能無時無刻看到鐵路就是最大的心願。

鐵路是一門包含着不同範疇的學問，鐵路規劃亦只是其中之一，要孤身找到真正感興趣的範疇猶如大海撈針。而打開我對鐵路規劃興趣的大門鎖匙，是與朋友們動身到美孚考察港口鐵路綫設施的經歷，喚起我對鐵路網絡設計的好奇心。香港不少鐵路規

劃方面的資訊缺乏機會予公眾加以探討，即使希望了解相關的專業知識亦無從入手。儘管並非專業人士，但作為過來人，我仍希望能夠把自己的有限知識傳遞開去，解答不少人的疑慮、誤解。作為營運社交媒體專頁的一員，深知資訊「要容易入口」和「入屋」的重要，現今社交媒體平台講求速食文化，鐵路規劃的資訊量之多難免不利於在這些平台傳播，加上「睇片易過睇字」的行為趨勢，促使《謎之鐵路規劃》影片系列的誕生。作為策劃者，希望帶出的不只是鐵路規劃的過程，更多是以往的規劃如何形成大家熟悉的香港，只要歷史改變一點點，身邊一切的面貌又會是怎樣的一番景象？

由製片到製書，正好提供了難得的機會將香港鐵路規劃解說一番，期望各位讀者能夠從中帶走不少新知識，啟發對鐵路這方面的興趣。鐵路並不單在地理上連繫彼此，在認識鐵路的過程上亦連繫起志同道合的彼此，若然有機會的話不妨多多交流互相學習。

目錄
CONTENTS

第一章

香港點先肯起條鐵？

1.1

為何一定是鐵？

香港是世界上數一數二擁有發達交通網絡的地方，二零二三年公共交通每日乘客人次超過一千一百萬，單是鐵路就佔百分之四十五。本地鐵路網在過去半世紀急速發展，使鐵路不知不覺地融入香港人的生活和文化當中，最明顯不過的例子莫過於不少人會以鐵路站名稱來辨識地區。但為何在眾多公共交通選擇中，偏偏選用了鐵路作為這個城市的骨幹交通系統，背後蘊藏着甚麼原因呢？

在一個烏托邦世界中，所有人的行程都可以一程直接由起點前往目的地，但畢竟現實資源有限，我們只能夠盡可能設計和規劃最有效的運輸系統及運輸網絡，以滿足大部分人的運輸需要。社會上有林林總總的因素來左右規劃師如何利用各種交通工具，為每個地方訂製獨一無二、因地制宜的交通網絡，每種交通工具在整個運輸系統中均有着自己存在的價值和角色，好比社會中人人各司其職。

效率與覆蓋的說理解釋示意圖

規劃交通運輸網絡選擇着重於使用效率還是覆蓋率，是值得令人深思的問題。人們會希望有一個低使用效率但高覆蓋率的運輸網絡，還是高使用效率但低覆蓋率的運輸網絡呢？

| 起點 / 目的地 | 非交通運輸的行程 | 運輸工具
(綫條越粗代表使用效率越高) |

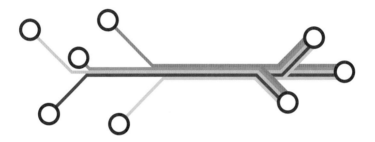

低使用效率 + 高覆蓋率
每項運輸工具的使用人數較低，
但運輸網絡能夠服務所有起點 / 目的地

高使用效率 + 低覆蓋率
所有乘客被集中於主要的運輸走廊，
以最少資源運送最多的人，
但運輸網絡並不會覆蓋所有起點 / 目的地，

進行規劃時需要思考一個問題：是否有更好的選擇？本地不時有社區關注人士爭取新鐵路路綫或車站，或是本地出現交通問題時，大家第一時間想到的往往是「用鐵路解決」，香港人對鐵路的依賴可謂深深刻在骨子裡。了解一個地區的人口分佈、土地資源、規劃理念、文化歷史等，是規劃過程中最基本的考慮要

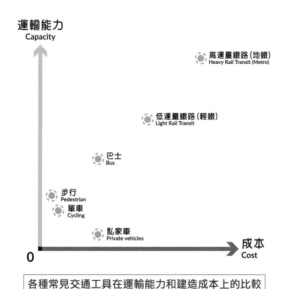

各種常見交通工具在運輸能力和建造成本上的比較

組成運

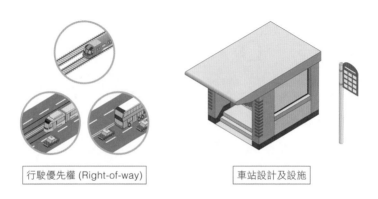

行駛優先權 (Right-of-way)　　車站設計及設施

素。人煙稀少的郊區交通需求低，私家車或巴士等這些最簡單的路面交通已足以應付，也是最合乎經濟效益的選擇；人煙稠密的都會區交通需求高，土地又寸金尺土，要用最少空間輸送最多的人，即使鐵路營運開支巨大仍是不二之選。

城市人多擠迫，香港二零二三年人口達七百五十萬，加上已發展的土地只佔全港土地四分之一，因此在所難免地要選用運輸系統中最高輸送力的鐵路作為主力交通工具。香港選用重型鐵路作為高運量集體運輸系統，一列列車可載二千餘人，以東鐵綫為例，在滿載的情況下一小時內最多可輸送八萬二千五百人，相等於六百多部雙層巴士。若香港的交通需求只依靠路面交通，那麼恐怕不止筲箕灣的英雄被困，就連普通人也不知何日到中環。

鐵路的特點離不開輸送力強大，在一眾交通工具中擔當着應付高客量運輸需求的角色，最適合連繫不同城市和在大城市內發揮所長，然而其代價為興建、營運及維護成本極高，事實上世界絕大多數客運鐵路的票務收益都不足以支撐營運開支，要達致收益平衡亦絕非容易。規劃的本意就是為所有人準備一個未來，選擇對的工具設計交通網絡，才是真正的世界冠軍。

統的元素

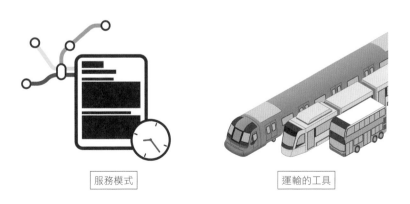

| 服務模式 | 運輸的工具 |

票 務 實 際 收 益 比 率

票務實際收益比率（Farebox recovery ratio）是交通系統票務收益與營運支出的比例，可用於檢視系統能否達至自負盈虧，比率大於百分之一百意味交通系統的票務收益比支出多，反之亦然。香港鐵路系統的高比率倚靠本地人口密度高所帶來的交通需求，是使其能夠自負盈虧的重要因素。

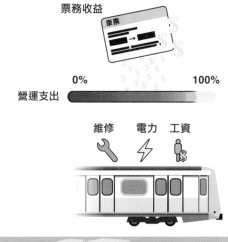

票務收益

車票

0%　　　　　　　　　100%

營運支出

維修　　電力　　工資

倫敦 (TfL)
129.50%
（2023 年）

柏林 (BVG)
36.49%
（2023 年）

紐約 (MTA)
22.50%
（2023 年 1 月）

阿姆斯特丹
(GVB)
52.66%
（2022 年）

台北（台北捷運）
86.70%
（2022 年）

香港（港鐵）
142.00%
（2023 年）

世界各地的 Farebox recovery ratio

1.2.

有人就有鐵

1.2.1

香港集體運輸時代的開端

在香港鋪設高效率、高運量集體運輸系統的構想，是從二戰後港九人口急升開始萌生。六十年代初，港府已深知香港如此彈丸之地人口持續增長，單靠道路交通將不勝負荷，解決公共交通需求成為當下燃眉之急的問題。根據一九六六年的人口普查數據，港島、九龍、新九龍三個地區的人口突破三百萬，當時正密鑼緊鼓地籌備沙田、屯門等位於新界地區的新市鎮，以解決市區擠迫問題。港府於一九六五年委託費爾文霍士組合顧問工程公司（Freeman, Fox, Wilbur Smith and Associates），為香港研究未來二十年的交通規劃。該研究於兩年後發表，名為《香港集體運輸研究》（Hong Kong Mass Transport Study），顧問公司提出興建全長四十英里（大約六十四點四公里）、由四條獨立鐵路綫組成的快速運輸系統（Rapid Transit System），這便是香港地下鐵路系統的雛形。

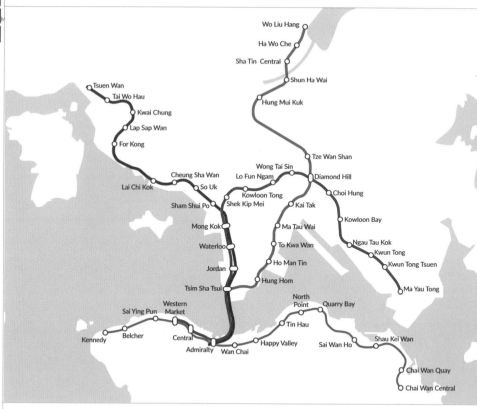

《香港集體運輸研究》中建議的地下鐵路系統

　　考慮到地鐵站位置需要接近居住或上班地點，以上系統設計每個站平均相距零點七二英里（大約一點一五公里），而在更密集地區（如彌敦道一帶）則平均相距零點五英里（大約八百米），換句話說，港九地區大部分人口都位於距離地鐵站十五分鐘步行範圍內。讀者或許對上述提及的四條綫並不陌生，因為每隔一段時間便會有網民分享一幅同樣有四條綫？的「地下火車路綫計劃圖」，該路綫計劃圖便是於一九七零年根據《香港集體運輸研究》再作詳細研究後，《集體運輸計劃總報告書》（*Hong Kong Mass Transit Further Studies*）中的建議系統規模。

與市區一山之隔的沙田新市鎮，在一九七零年代急速發展，縱使《集體運輸計劃總報告書》將《香港集體運輸研究》提議的「沙田綫」縮短，走綫只保留鑽石山以南及刪除沙田段，但不出數年政府便「彈弓手」，再次因人口增長比預期高而認為地鐵系統延長至沙田一事可行。需要跟隨時代的步伐，還有早於一九一零年通車的九廣鐵路（英段），其現代化工程規模，近乎建設一條全新鐵路。隸屬於英國國鐵的顧問公司 Transmark 建議，以英國國鐵系統作為藍本進行升級，全綫雙軌及電氣化，大幅提升服務水平以滿足與日俱增的客運需要。

1.2.2

有雞先還是有蛋先？ Why not both？

　　雖說「有人就有鐵」，但同樣也可以是「有鐵就有人」，七十年代興建的地鐵系統和九廣鐵路現代化兩者正是最佳例子。不少地鐵系統途經的地區已發展起來，興建目的主要是希望有助解決路面交通擠塞問題，屬於「綫跟人走」的發展模式。九廣鐵路在最初通車時雖然同樣是「綫跟人走」，但其現代化工程使市區與新市鎮之間的車程大幅縮短，吸引部分原本居住於市區的人口遷移至新市鎮，在一定程度上屬於「人跟綫走」。

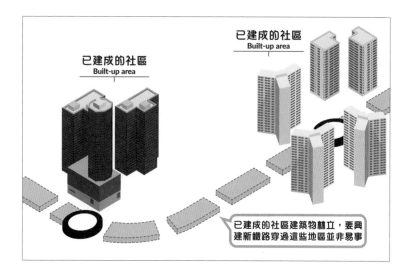

已建成的社區建築物林立，要興建新鐵路穿過這些地區並非易事

鐵路發展模式的分別

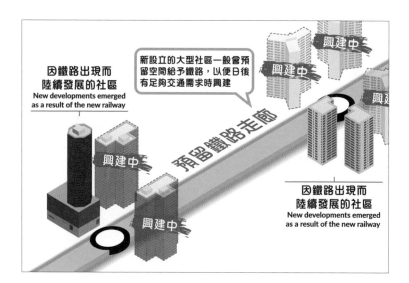

新設立的大型社區一般會預留空間給予鐵路，以便日後有足夠交通需求時興建

將軍澳作為八十年代末開始發展的新市鎮,是香港實踐得最鼎盛的「人跟綫走」發展模式。將軍澳屬於其中一個以公共運輸導向型發展(Transit Oriented Development,簡稱「TOD」)的方向進行規劃的新市鎮,透過社區設計引導市民使用公共交通,例如盡量將公共交通服務貼近民居及人流較多的地帶,同時將運輸系統最大效益化,直接鼓勵市民使用公共交通。此前,將軍澳區內早已預留土地給予鐵路,預留土地旁則為各項發展用地,待鐵路車站落成後乘客可直接連接社區內的各大住宅屋苑/屋邨、商場及酒店,甚至從車站到家門也毋須踏出室外半步。

若從可達性角度出發,如此無縫連接車站的發展模式確實有助鼓勵市民使用鐵路系統,減少路面交通需求,對提升公共交通使用比率有一定程度的幫助,可見鐵路與城市規劃息息相關。當然這模式也並非百利而無一害,將軍澳的實踐亦並非完美,市民的日常生活被帶離屬於公共空間的路面街道,令街道欠缺動力及難以使用。借前車之鑒從錯誤中學習,現今城市規劃方可持續進步,向以人為本的目標進發。

1.2.3
政府說:要有鐵,便有了鐵

鐵路基建項目屬於社會的重要決策之一,其耗資巨大,關乎到重要的社會利益,不論項目大小,在推行上絕不能草草了事,正因如此,鐵路項目的規劃需要符合政府的政策大方向。

香港人口密度之高,絕不能忽視制定良好公共交通配套的重要性。政府在發展城市時也會定期檢討本地交通需求,在完成有關交通發展的研究後,會為此制定相關的措施及政策(相關資訊會於第二章講解),包括將新/舊社區納入鐵路網的覆蓋範圍內。

若政府認為某一地區有鐵路服務需要，或希望加強某一地區鐵路連接來開發新社區，當局會邀請鐵路公司就特定的新鐵路項目進行研究並提交項目建議，並在確立推展該新鐵路項目後，批准鐵路公司開始進行籌備工作。

屬於政府施政方向的《鐵路發展策略2000》中，建議北港島綫、西港島綫、及沙田至中環綫的發展優先於九龍南環綫項目，但西鐵

- 舊社區人口增加／發展新社區使該區交通需求上升
- 就各項交通工具的效率、載客能力、成本等進行比較，揀選合適該社區的交通系統
- 確定社區人口已達到或將達到須興建鐵路的水平
- 政府草擬鐵路走廊，訂立鐵路大概途徑的區域
- 政府邀請鐵路公司就該新鐵路提交建議，向有關方面提供資料、數據及要求
- 鐵路公司根據政府提交的要求，進行較初步的研究工作，並向政府提供相關建議
- 政府審視項目建議，初步接納該鐵路的財政可行性及工程可行性
- 批准鐵路公司開始進行籌備工作，進入可行性研究階段

第一關過！

新鐵路項目經過以上的初步構思階段後，便會進入下一步：可行性研究，此階段將於下一章講解。

（第一期）在通車前已預計客量不佳，促使政府提早推展九龍南環綫項目，最終更早於上述提到的三項鐵路通車，可見政府政策或施政能夠在短時間內改變鐵路的整體規劃。迪士尼綫同樣是因施政改變而意外出現的鐵路，港府於一九九九年宣佈於大嶼山竹篙灣興建迪士尼樂園，當局為設立主題樂園而積極推動竹篙灣鐵路項目發展，確保能夠滿足香港迪士尼樂園的交通需求。此鐵路原為西部外走廊鐵路的一部分，整條外走廊屬於鐵路規劃中長遠發展的方案，本身不設有興建時間表，但主題樂園的出現促使了這一小段鐵路的出現，所以成事與否全憑政府決定。

《鐵路發展策略 2000》中九龍南環綫擬定走綫。

西部外走廊鐵路連接新界西北至港島西區。

1.2.4
有時可能仍需一點運氣

如果你以為有人的地方就一定有「鐵」，那麼慈雲山的例子便足以證明你錯了，二零二一年人口達十萬人的慈雲山，逾半世紀後得到的只有「行人設施改善工程」來接駁至鑽石山站。最早提出設站計劃源於上述提及過一九六七年的《香港集體運輸研究》，後來七十年代的地鐵東九龍綫雖未有確立設站的計劃，但

一九六七年《香港集體運輸研究》中建議的慈雲山站位置。

九鐵於二零零二年提交

仍有打算往後延伸至沙田時在中途加停慈雲山。後來地鐵東九龍
綫不了了之，直至九鐵在二零零二年沙中綫方案重提於該區設
站，翌年卻因地勢及地質問題極速否決，當時為彌補取消慈雲山
站，九鐵改以自動輕便運輸系統（Automated People Mover）
連接慈樂邨至鑽石山站。可惜在二零零七年兩鐵合併後，自動輕
便運輸系統被港鐵以「不符合成本效益」為由推倒最後的希望，
及後作補償的「行人設施改善工程」亦一改再改，形成現時大家
所見的基建。

站規劃

大圍站

沙田至中環綫

慈雲山站

鑽石山站

往啟德站　　　　觀塘綫

方案中，擬建的慈雲山站。

慈樂站

沙田至中環綫

往大圍站

慈雲山自動輕便運輸系統

鑽石山站

往啟德站　　　觀塘綫

慈雲山站遭否決後，九鐵於二零零四年改為建議興建自動
輕便運輸系統，圖為慈雲山自動輕便運輸系統的走綫。

現今建成的「慈雲山區行人設施改善工程」設施。（Henry Cheung 攝）

　　事實上光看居住人口，慈雲山早以符合設站要求。但無可否認慈雲山一帶的地質實在不利車站建設，不過正所謂「錢解決到的問題就不是問題」，其實最終能否說服鐵路公司願意投資建站，都是錢作怪。

　　相隔一座山，二零二一年人口僅僅過三萬人左右的顯徑卻獲完全相反的待遇。九鐵及地鐵兩間鐵路公司在規劃沙中綫多年期間並不十分熱衷設立顯徑站，多次以人口不足為由拒絕與沙中綫同期興建，但會在結構上預留建設車站的可行性。相較於慈雲山，沙中綫走綫無需刻意繞道顯徑，工程成本、難度和行車時間等都不會因此而顯著增加，車站更早於規劃馬鞍山支綫時已打算設立，可謂具有先天優勢。二零零八年尾，時任運輸及房屋局局長鄭汝樺在立法會會議中透露，指有理據在顯徑加站，政府於二零零九年同意將顯徑站納入沙中綫工程中一併興建，總算是「成功爭取」。

1.3

市區 vs 區域：設站的分別

　　若是居住於新界東北或新界西北，又會間中出入市區的讀者，相信不難感受到火車和地鐵當中一些微妙的設計差別，除了車站裝修、車廂佈局等大家能直接感受到的設計外，兩種鐵路的車站座落位置，都有着無形的分別，不知不覺地影響我們的生活。設立一個鐵路車站源於有足夠的交通需求這個道理似乎眾所周知，但要設立多少個站，就視乎該項鐵路的類別了。

　　我們的行程可分為不同出行等級（有關出行等級的講解詳見第二章 2.3 節），在規劃交通網絡時會依照有關等級來考慮各項交通與潛在乘客的距離。長話短說，運輸距離越遠的交通，乘客能夠接受前往車站的所需時間越久，兩者成正比。這便是為何作為短距離運輸的輕鐵和電車等，它們的車站相距不遠，若使用者花不少時間在前往車站的路上，令直接步行到目的地的時間與乘坐交通相若，市民使用交通的誘因自然會下降，運輸系統資源因而未能充分被利用。

點樣劃條鐵：香港鐵路規劃 101

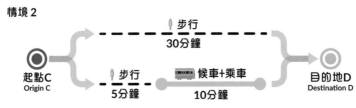

情境 1

步行
25分鐘

起點A
Origin A

步行
20分鐘

候車+乘車
5分鐘

目的地B
Destination B

沒有節省時間 → ▼ 使用交通的誘因

情景 1 中的人光是步行到交通車站已經花了大部分時間,既沒有節省時間(價值)還需繳付交通費用,自然難以吸引該人使用交通。

情境 2

步行
30分鐘

起點C
Origin C

步行
5分鐘

候車+乘車
10分鐘

目的地D
Destination D

有節省時間 → ▲ 使用交通的誘因

情景 2 中的人前往車站十分方便,使用交通能為他節省一半時間,對他來說使用的誘因自然較大。

> 交通能否吸引人使用,其中一個因素在於由其帶來的價值。

任何交通車站都有一個理論上的「客源吸納範圍」(Catchment Area),以車站方圓的一個特定距離內計算,在該範圍內的居住和非居住人口(例:在該範圍上班)都會被視作交通工具的潛在使用人士。鐵路車站最基本考慮的吸納範圍與巴士車站相同,都是乘客由行程起點或目的地步行至車站的合理距離,因為通常來自此範圍的乘客比例最高,分別在於一個鐵路站的吸納範圍比一個巴士站大得多。要清楚了解客源吸納範圍如何影響香港鐵路系統的規劃,那麼就要先分清市區與區域鐵路系統的不同之處。

點樣劃條鐵:香港鐵路規劃 101

1.3.1
市區鐵路系統

　　在鬧市穿梭的地鐵（例：荃灣綫）便屬於市區鐵路系統，其設計為中短距離運輸（五至二十公里）之用，一區可以有數個站。在上一節提及過，地鐵站於市區頗密集，正所謂「總有一個喺左近」，車站的目標客源理論上大多數來自車站周邊發展。香港進行新市區鐵路系統的規劃時，擬建車站所考慮的客源吸納範圍一般是方圓五百米內，以此釐定其服務需求及財政可行性。

市區鐵路系統車站的客源吸納範圍示例

正常成年人的平均步速大約為每秒一點三五至一點四米左右，直綫步行五百米距離大約需要六分鐘，聽起上來不遠，但其實灣仔站與香港會議展覽中心的直綫距離才剛好五百米左右。更何況發展密集的鬧市一般來說講求效率，城市人不希望花時間在步行往返車站上，所以如果要地鐵乘客走得遠，他們倒不如坐巴士，或直接放棄公共交通，自己開車罷了，尤其不要忘記：香港的有錢人也不少呢。

另一方面，在發展密集的香港鬧市內，方圓五百米絕對可以覆蓋大量商業大廈、工業大廈及住宅區，吸納範圍內的潛在客源可能數以十萬計。為應對交通需求，前後車站有機會分隔不遠，例如太子站與旺角站相距只有短短四百米。故此進行新車站規劃時，會留意是否需要避免過分與前後車站的吸納範圍重疊，以免造成資源重疊。當然理論歸理論，香港實在有不少山，地勢起伏頗大，加上不少建議都在填海土地上，設站位置可能較近海，故此實際吸納範圍有可能並非方圓五百米的所有土地。

回望香港過去的鐵路發展，以市區鐵路系統設計的路綫，站與站之間通常正好相距一公里左右（以每個站的中間點作計算）。鐵路系統作為香港重要的交通之一，城市規劃必然會研究到鐵路與社區之間的關連，這「方圓五百米」理論便無形地造就了我們熟悉的城市。

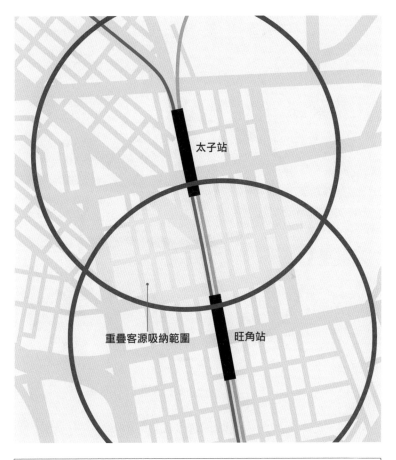

太子站

重疊客源吸納範圍

旺角站

圖為太子及旺角站的例子。鬧市的乘客需求特別高，有足夠條件設立更多鐵路車站使站與站之間距離較近，同時客源吸納範圍便會出現重疊。

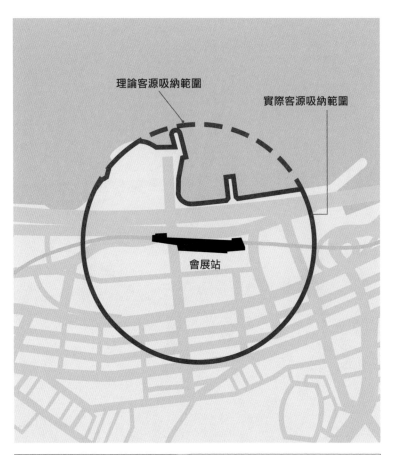

理論客源吸納範圍

實際客源吸納範圍

會展站

圖為會展站的例子。中環及灣仔填海計劃原本打算大力發展海濱土地，及後受《保護海港條例》影響大規模縮減填海範圍，座落於海濱的會展站自然擁有較小的客源吸納範圍。（除非有一天維港的魚也需要使用鐵路吧）

1.3.2
區域鐵路系統

　　區域鐵路系統，便是大家常稱呼的「火車」，亦即現今的東鐵綫及前西鐵綫，兩綫同樣是屬於前九廣鐵路網絡。歷史最悠久的九廣鐵路（英段）於一九一零年通車，由英國人主導規劃，所以自通車以來已有不少設計與英國鐵路相似。

　　香港城市化比率在九十年代初已達至百分之一百，加上日漸完善的交通網絡拉近了各區的距離，間接令香港人對市區和市郊之分的認知都頗模糊，連帶火車和地鐵的概念也分不清，特別是二零零七年兩鐵合併後，「火車站」的叫法漸漸消失在大家生活中，「大埔地鐵站」、「馬鞍山地鐵站」等名稱近年越見普遍，故此容許筆者先科普一下「火車」的概念。

　　基於上一節提及過，英段鐵路在二十世紀七十年代末至八十年代初的現代化工程，由隸屬於英國國鐵的顧問公司 Transmark，以英國國鐵系統作為藍本進行設計，所以在此先講解該系統的基本知識。英國國鐵系統主要為城市近／遠郊、郊區、城際、及貨運鐵路服務，以上四種服務性質各有不同：

41

近／遠郊服務：客源大多為居住於市郊（suburban/suburb），前往市區上班的通勤一族，車程通常在一小時內。

郊區服務：乘客量較少，為人口較少地區提供連接城市的服務。

城際服務：連接不同城市的中、長距離列車服務，車程由半小時至數小時不等。

貨運服務：運送各種貨物（例如：汽車、郵件、煤炭）到港口、發電廠、貨運站。

區域系統的九廣鐵路（英段）同樣為集合了近／遠郊、城際、及貨運服務的鐵路綫，其設計為中長距離運輸（15+km）之用，並非如市區系統般用作非常繁忙及頻密的極高效率運輸。英段鐵路沿綫的新市鎮概念源自衛星城市，每個新市鎮作為一個獨立發展區域，互相之間有一定距離，令各個火車站的平均距離比市區系統遠。此外，英國曾就當地火車站的客源吸納範圍進行研究，發現大部分步行至車站的乘客都於車站八百米範圍內出發，若起點或目的地位於車站兩公里外，乘客會選擇駕車或使用其他接駁交通前往車站，所以當地通常以此為鐵路設施及社區的規劃基礎。

區域鐵路系統顧名思義是服務各個區域的鐵路，火車站在定位上為服務一個大區域，除了吸納最基本八百米步行範圍內的客源，也會包含該範圍以外使用接駁交通服務的客源，因此火車綫不一定需要密集地設站。這套規劃理念當年也應用到香港身上，

▐▐▐▐▐▐ 區域鐵路系統車站的客源吸納範圍示例 ▐▐▐▐▐▐

社區設施　商業

住宅　步行

接駁交通　車站

車站　八百米範圍

泊車轉乘

點樣劃條鐵：香港鐵路規劃101

即使在同一區內的火車站，其設站密度也明顯低於市區鐵路系統，同時大規模使用接駁交通服務，方便乘客往返火車站乘車。二零零三年通車的九廣西鐵同樣繼承東鐵的火車發展模式，全綫車站均設有公共交通交匯處，錦上路、荃灣西站亦有海外火車站頗常見的泊車轉乘（Park and Ride）設施。

東鐵綫沿綫有不少 K 字頭或字尾的巴士路綫，它們定位為鐵路接駁服務。（**Bengo Lin** 攝）

錦上路站提供泊車轉乘設施，目的為吸引鄰近鄉村居民使用鐵路前往其他各區。（**Henry Cheung** 攝）

第二章 —————————————————

想像完，請研究：
「可行嗎？」

2.1

「流量密碼」：
影響鐵路規劃背後的人口數據

　　所謂「車如流水，絡繹不絕」，有人居住的地方自然就有人需要出行。在鐵路規劃角度裡，除了人口之外，就業、收入和土地用途等等之因素也離不開鐵路規劃的大熔爐之上。只要將各個元素串連在一起，再分析當中的數據並計算現在與未來的人口流動模式，大致上便能根據以上得出的結論去勾劃出既能平衡社區需求又符合經濟效益的鐵路。這個概念便是運輸規劃界常用的「四階段運輸模型」(Four-Step Distribution)。

2.1.1
四階段運輸模型：
從人口數據變成鐵路走綫的基本原理

　　眾所周知，鐵路規劃最簡單的認知莫過於讓鐵路走綫貼近人口稠密的地方，然而「一隻手掌拍不響」，單靠居住人口並不足以帶動鐵路需求。故此我們需按居民日常外出通勤、娛樂或商業活動的地點，了解各個地點之間的路綫分佈情況。「四階段運輸

模型」（Four-Step Distribution）先從最基本的「起點」和「終點」開始，當找出所有出發地與目的地的地點後，接着便會追蹤人們較常採用哪種交通工具前往該目的地，從上述三項數據中便可得出城市內各地區之間的人流客量，最後抽絲剝繭找出哪一道走綫的需求較大。當顧問團隊實際應用運輸模型時，還會再細分乘客的種類（如香港居民和訪港遊客）及行程目的（如商務和非商務），以得出最準確的數字。

當大致上理解行程分佈概念後，千萬別忘記還有其他影響研究行程分佈結果的因素。首先，在發展成熟的市區或發展中的地區內，土地用途的規劃包含了住宅類型、就業及商業活動之整體佈局，這些佈局都會直接影響未來人口的分佈以至行程分佈的情況。其次，住房類型與收入高低亦會直接影響到人們採用哪一種交通工具出門，例如根據一九六零年代初進行的交通調查（The planning of urban transport survey）中，顧問曾預計居住於政府資助房屋（如徙置區和政府廉租屋）的居民受惠於廉價租金而容易累積個人財富，間接增加個人車輛的數量，令路面交通的使用量增加。此外，在規劃過程中要比較勞動人口和就業人口的差異，當某一個地區內的勞動人口與就業人口分佈不均時，就會形成跨區就業的現象，交通需求便會應運而生。

俗話有説「十里高山望平原」，隨着社會環境不斷改變及政府推出新政策，人們的生活習慣亦會隨之而有所變化，加上來往香港及內地的活動日益頻繁，因此鐵路規劃不但要回應現在和未來的需求，也要按城市發展進度訂立建造鐵路的優先次序。

四階段運輸模型圖解

第一步「行程需求」：先在地圖上找出所有人們常用的出發地與目的地。值得留意是出發地與目的地可互相共用。

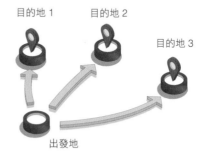

第二步「行程分佈」：找出人們於出發地普遍會前往的目的地組合。

第三步「運輸模式選擇」：再估計出每個行程組合裡，人們會選用的交通工具。

第四步「行程分配」：當串連所有路綫組合和交通工具的人數後，便能夠預測那一條路綫存在較大的客量需求。

四階段運輸模型的應用例子 —— 香港地下鐵路系統

集體運輸系統初步設計概念

鐵路走線規劃

預測 1986 年的交通人流分佈

四階段行程分佈

預計 1986 年的就業人口分佈

預計 1986 年的居住人口分佈

人口分佈

預計 1986 年的香港土地用途

土地用途

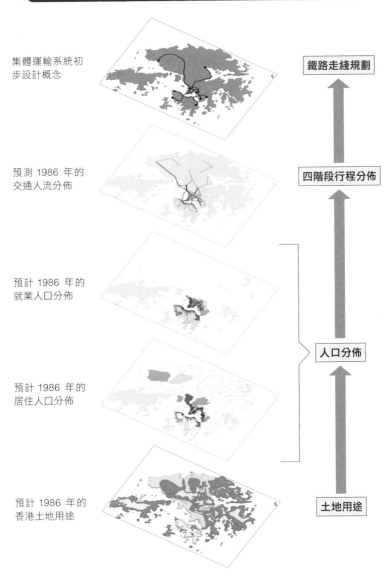

一九六零年代規劃香港地下鐵路系統時，亦運用了「四階段運輸模型」，從未來土地用途推算出居住人口與就業人口的數據，再找出需求量較高的出行路徑，形成地鐵系統的初步概念。

2.1.2
香港的歷代人口改變與歷代鐵路規劃的關係

　　受七十年代發展新界新市鎮及內地改革開放政策影響,香港的人口分佈及產業結構出現翻天覆地的變化,連鎖效應下也改變了行程分佈。另一邊廂,香港的實際人口增長的速度也比起早年預測有所放緩,因此鐵路規劃上亦需要緊貼這些大環境的變化而作出適當的應對方案。

　　回顧六十年代的香港,早年的鐵路規劃僅僅圍繞如何解決路面交通壓力和連接鄰近市區的新發展區。自地鐵修正早期系統及

歷代香港鐵路發

1960's

香港集體運輸研究

集體運輸計劃
總報告書

香港整體運輸研究

 1967 1970 1976

1999 1999 2000 2014

第三次整體
運輸研究

香港長遠運輸策略
——邁步向前

鐵路發展策略
2000

鐵路發展策略
2014

九廣鐵路電氣化於一九八零年前後通車後，鐵路交通的普及程度大大增加，再加上大量人口遷入遠離市區的新市鎮，這種空間錯配使鐵路成為連接近郊和市中心的必然選擇，於是鐵路規劃的研究方向轉而如何覆蓋更多新界新市鎮的人口。同一時間政府亦希望以大政策主導的形式為全港所有交通工具訂出更完整的發展框架，在這些背景之下衍生出如《公共交通策略研究》和《鐵路發展策略》等等的顧問研究報告，為全港鐵路規劃訂立更清晰的指引方向。

到九十年代末香港政府發表「第三次整體運輸研究」時，提出影響更深遠的「交通角色定位分級」，將千禧年後的鐵路角

關的研究報告書

香港內部交通政策白皮書
1979

第二次整體運輸研究
1989

香港政策白皮書——邁向二十一世紀
1990

鐵路發展策略 1994
1994

2017
公共交通策略研究

2022
跨越 2030 年的鐵路及主要幹道策略性研究

2023
香港主要運輸基建發展藍圖

2024

色確立為交通骨幹，反之將其他交通工具改為接駁鐵路的輔助性質。此舉不但進一步推高鐵路交通的使用量，亦將未來的鐵路規劃重點放眼於如何紓緩現有鐵路的壓力。

踏入二零二零年代，當全球經歷第四次工業革命後，網絡世界發達與人工智能所帶來的科技進步，逐步改變人類生活與工作模式，相對之下減少工作日數與在家工作亦將會成為流行趨勢，再加上香港將面對人口老化所帶來的需求減少問題，香港未來的鐵路規劃會傾向於如何善用科技創造無障礙與人性化的乘車環境。總結而言，無論身處哪一個年代，鐵路發展一直與人口存在着共生關係。

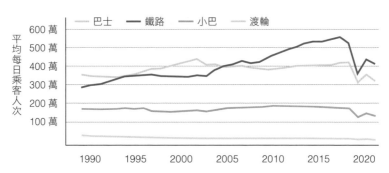

1989-2022 年香港主要交通工具每日平均客流量

香港鐵路網絡經過四十餘年的擴展，加上政府以鐵路為優先的政策，令鐵路的使用量超越了巴士。
（註：「鐵路」包含重型鐵路、輕便鐵路、電車及山頂纜車。「巴士」包含專營巴士及鐵路接駁巴士。）

點樣劃條鐵：香港鐵路規劃 101

2.2

發展是否硬道理？
環境保護的平衡

　　興建一條鐵路，豈止單單考慮「人的因素」？鐵路工程除了牽涉到地動山移之外，亦會打擾自然界的「住客」，日後鐵路營運期間更有可能永久影響牠們的生活質素。正因如此，環境影響評估旨在找出所有鐵路未來沿綫會影響到的社區與環境問題，並提出適當的緩解方案。

2.2.1
環評與鐵路規劃的交道

　　環境影響評估的沿革可追溯至一九七零年代末，香港政府為回應當時的社會要求而推出的行政措施，旨在鼓勵公私營部門在推展公共基建項目的過程中，能遵守一套系統化的環境評估程序。至一九九零年代初因政府主導「機場核心計劃」，故此當時地下鐵路公司與路政署也達成顧問協議，使機場鐵路成為首個經環境影響評估去規劃建造的香港鐵路項目。

試想像一下，如果缺乏環境評估下建造一條鐵路，平行時空內會發生甚麼事情呢？

點樣劃條鐵：香港鐵路規劃 101

大嶼山及機場鐵路環境影響研究：
最終報告
（地下鐵路公司，一九九四年）

西鐵最終評估報告行政摘要：
環境影響評估
（九廣鐵路公司，一九九八年）

觀塘綫延綫環境影響評估報告：
行政摘要
（港鐵公司，二零一零年）

屯門南延綫環境影響評估報告：
行政摘要
（港鐵公司，二零二二年）

　　隨着香港人的生活質素逐漸改善，社會對環境保護的意識也逐漸提高，促使政府於一九九八年四月實施《環境影響評估條例》，強制所有工程項目須先提交「環境影響評估報告」予環境保護署（下稱：環保署）審議，並由署方同意發出「環境許可證」後才能動工。自此，環境影響評估成為香港鐵路規劃中不可或缺的一部分。地鐵及九鐵分別在籌劃將軍澳支綫與九廣西鐵項目時，亦首次把生態資源及文物古蹟列入環評的考慮範圍之內，在推展鐵路工程的同時也對新界珍貴的自然棲息土地與獨特的傳統建築作全方位保育。

2.2.2
掌權者的當頭棒喝

有關鐵路的環境評估研究，最受市民關注的一次莫過於在二零零零年，東鐵落馬洲支綫項目罕有地不獲批環境許可證。在本書第一章第三節中曾提及到，隨着中國內地改革開放以及深圳經濟特區的發展，羅湖火車站逐漸不勝負荷，促使政府有意興建第二條過境鐵路，原屬西鐵項目的落馬洲鐵路綫因被分階段推行，遠水不能救近火，在使用較少資源下只好在一九九九年以東鐵支綫形式繼續推行。

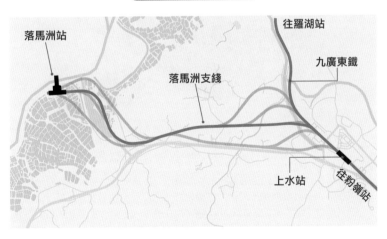

落馬洲支綫路綫圖，其中環境影響評估報告內曾探討過的其他走綫方案以灰色綫標示。

鐵路雖然會帶來清新空氣，但消減噪音依然是歷代鐵路設計團隊要處理的一大課題。現時香港的鐵路噪音主要受到《噪音管制條例》所規管。條例要求由晚上十一時至翌日早上七

▼機場鐵路的高架橋隔音設備

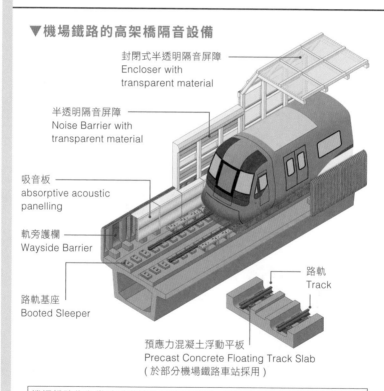

封閉式半透明隔音屏障
Encloser with
transparent material

半透明隔音屏障
Noise Barrier with
transparent material

吸音板
absorptive acoustic
panelling

軌旁護欄
Wayside Barrier

路軌基座
Booted Sleeper

路軌
Track

預應力混凝土浮動平板
Precast Concrete Floating Track Slab
(於部分機場鐵路車站採用)

機場鐵路作為當時香港境內首條以時速一百三十五公里行駛的鐵路，要在通車後高速運作下同時滿足環境評估內之嚴格噪音要求，除了以「阻隔噪音」的方式於軌旁設置大量隔音設備外，當年的顧問團隊亦夥同海外實驗室安排軌道工程師與鐵路車輛工程師組成特別工作小組，從列車轉向架的強度及路軌的種類上着手，共同探討如何主動地減低鐵路噪音。

時期間，列車及鐵路附屬設施不能發出超過五十五分貝的噪音。因此機場鐵路及西鐵的戶外高架橋都分別使用不同的技術去打造出獨特的軌旁隔音設備系統。

▼九廣西鐵及東鐵支綫的高架橋隔音設備

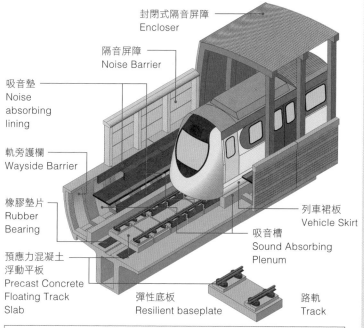

封閉式隔音屏障
Encloser

隔音屏障
Noise Barrier

吸音墊
Noise absorbing lining

軌旁護欄
Wayside Barrier

橡膠墊片
Rubber Bearing

預應力混凝土浮動平板
Precast Concrete Floating Track Slab

列車裙板
Vehicle Skirt

吸音槽
Sound Absorbing Plenum

彈性底板
Resilient baseplate

路軌
Track

面對香港地少人多的環境，為了能夠盡用珍貴的土地資源同時進一步符合《噪音管制條例》的要求，當年西鐵顧問團隊為全綫高架橋應用了統一設計標準的「多重隔音系統」（Multi-plenum System），這系統可按日後西鐵沿綫地區的發展程度，在結構上容許加建半封閉或全封閉隔音屏障。此舉能透過縮窄鐵路與民居之間的噪音緩衝距離，使新發展區能夠更貼近鐵路沿綫，從而釋出更多土地資源。

當西鐵（第一期）工程正進行得如火如荼時，九鐵大幅參照西鐵使用高架橋的經驗，將有關設計應用於東鐵落馬洲支綫上。然而鐵路走綫無可避免會途經塱原濕地，高架橋設計不論在施工期間或是營運期間都會對濕地有所影響，因此一眾環保團體及雀鳥愛好者就此項目提出強烈反對，觸發市民關注，事件爭議程度之大更達國際層面。九鐵所提交的環境影響評估報告，被指未有詳盡記錄塱原濕地的生態資料，而補償方案中的人造濕地亦無法彌補原有濕地的生態價值，一眾環保團體和九鐵雙方立場皆強硬，為此爭拗超過半年。在環評公眾諮詢期接獲 225 封來自本地及海外的反對書，打破當時記錄，至於另一邊廂，九鐵及運輸局多番向環保署施壓，要求批出許可證以盡快動工，最終環保署署長在面對各方壓力下決定不批出該鐵路項目的「環境許可證」。

事後，九鐵隨即向上訴委員會上訴，但經商議後最終被駁回。經歷兩次敗訴後，九鐵改以隧道鑽挖形式穿過塱原，並獲各環保團體及環保署接受，事件擾攘近兩年才獲發環境許可證。可見環評報告在平衡基建發展和生態保育上扮演着極重要的角色。

身處廿一世紀，環保意識日漸提高並成為人類發展的新趨勢，平衡發展及保育已成為高度發展城市的重要指標，因此未來香港鐵路規劃亦要繼續肩負起保護環境的責任。相比起冷冰冰的法律條文，能夠讓人們受惠便捷鐵路的同時又為下一代提供優美的生活環境，這是環境影響評估內所帶出的願景。

點樣劃條鐵：香港鐵路規劃 101

2.3

用合適的東西：
選用系統規模的考慮

　　「電視節目有好多種，不過唔係個個節目都啱小朋友自己收睇」相信對香港人來説這句話絕不陌生。將同樣的道理套用於鐵路規劃上，如何正確地選擇一種適合的交通系統，對於集體運輸能否發揮最大的效能有着舉足輕重的作用。

2.3.1
出行等級

　　身在山多地少但人口稠密的香港地，單一的交通系統無法滿足各類型需要，因此可透過「多層次公共交通網絡」結合不同種類的交通模式，再配合運輸政策上的協調，讓整個城市的交通網絡發揮高效能的疏導作用。由於每種交通工具都有各自的優劣與定位，故此在運輸規劃的專業層面上，當發現該地區存在交通需求後，就會依據擬涵蓋範圍面積大小和服務距離，去界定該需求在整個交通網絡之中屬於哪一個出行等級，再從中初步篩選出一些較合適的交通工具後作進一步比較。

「多層次公共交通網絡」的概念源於蘇黎世出身的公共交通規劃師菲力士・盧比（Fe
要是透過長距離的交通如高速鐵路或城際列車與大城市內的公共交通連接；第二層次
型交通工具如輕便鐵路或電車等，將區域內各個公共設施和邨落連接起來。位於瑞士

第

第

第

通網絡

ube）所提出的公共交通服務佈局。菲力士將交通網絡分為三大層次，第一個層次主
過類似地下鐵路系統的交通工具將大城市內各個區域互相連接；第三層次則利用輕
黎世在擁有層次分明而密集的交通網絡後，大大減少了居民的乘車時間與步行距離。

次

次

次

就以二零一七年土木工程拓展署夥同顧問公司研究位於啟德發展區的「九龍東環保連接系統」為例，當時研究團隊便應用了類似於多層次公共交通網絡的「四大類出行等級」(Four Connectivity Levels) 之概念將連接系統歸類為區內層面，讓居民能夠以較短的步行距離前往鄰近的車站乘搭連接系統，再轉乘重型鐵路或長途巴士前往較遠的地點。

2.3.2
載客容量、效率及可靠程度

初步選出幾個認為合適的交通工具後，研究團隊就會按數項標準將其互相比較。最常見的比較準則主要圍繞載客容量、效率及可靠程度。

從「載客容量」而言，研究團隊會先根據規劃人口數據，計算出社區完全發展成熟後的最終交通需求量，然後再調查香港或其他城市應用中的類似交通工具之數據去計算出其最大的載客容量，經比較後再選出能滿足最終需求量的交通工具，數據通常都會以每小時每個方向最繁忙的時段作為基準。

至於「效率」方面，則取決於新交通工具能否比現有的交通工具或步行更快更便捷地到達目的地，然而單以交通工具的速度並不能判斷出其效率，還需考慮如遇上路面交通阻塞等等的外在影響。

而「可靠程度」比前兩者的重要性同樣不相伯仲，部分交通工具會受外在天氣因素或日常維修而需要部分或全面停運，停運期間會對通勤的載客容量和效率造成影響，長遠更會影響居民使用該交通工具的意慾，因此選擇一個能適應當地環境營運的交通工具是非常重要。

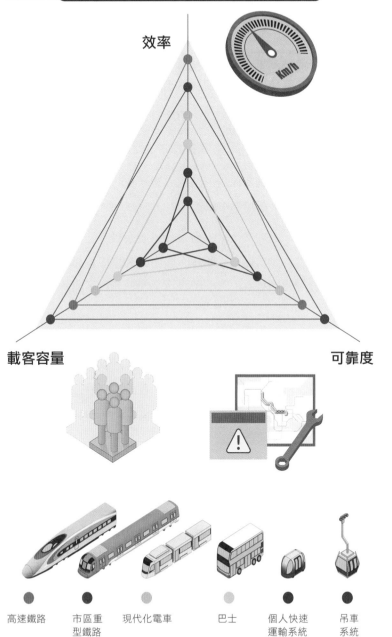

交通工具的載客容量、效率及可靠程度

效率

Km/h

載客容量

可靠度

高速鐵路　市區重　現代化電車　巴士　個人快速　吊車
　　　　　型鐵路　　　　　　　　　　運輸系統　系統

2.3.3

其他一籃子因素

　　過五關斬六將後，別忘記成本與經濟效益同樣會左右交通工具的選擇喔！興建一條交通系統除了購置車廂外，基礎設施的規模大小也會左右整體建設成本，例如重型鐵路和單軌鐵路，受先天性限制下無法與路面共用，因此需要額外投資建造專屬軌道和配套設施以配合其營運需要。除此之外，建設成本亦包括重置受走綫影響的公用設施或民居，同時亦要考慮該交通工具對外開放後未來數十年的營運和維修成本。

　　雖然如此，若整套交通系統設計得宜及妥善管理，令更多居民與訪客受惠於節省通勤距離和時間而改為選用新交通工具，營運期間所獲得的票務收入將收回建設及營運成本，令系統具有經濟效益。

　　總結而言，由於每種交通工具都有各自的優點和缺點互相制衡，因此沒有特定的方程式或既定次序作單一選擇，反之，作為一名宏觀的規劃主導者，應因地制宜，在選擇交通工具時從各方面取得平衡點，令城市整體的交通網絡得以相輔相成，長遠有助推動整個城市的可持續發展。

九鐵於二零零三年規劃沙中綫時，曾考慮於慈雲山及黃埔設置區內連接性質的自動輕便運輸系統（Automatic People Mover），接駁屬區域連接性質的沙中綫重型鐵路走綫。惟相關計劃於二零零四年底地鐵及九鐵共同發表的兩鐵合併技術報告中分別取消及被觀塘綫延綫取代。

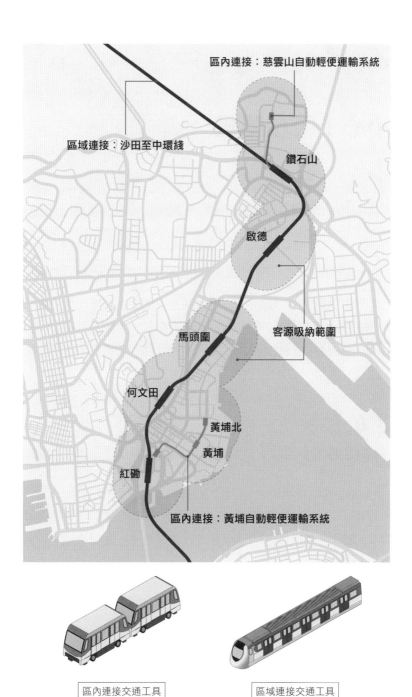

區內連接：慈雲山自動輕便運輸系統

區域連接：沙田至中環綫

鑽石山

啟德

客源吸納範圍

馬頭圍

何文田

黃埔北

黃埔

紅磡

區內連接：黃埔自動輕便運輸系統

| 區內連接交通工具 | 區域連接交通工具 |

點樣劃條鐵：香港鐵路規劃 101

2.4

小心！衔接問題

　　眾所周知香港寸金尺土，除了各棟樓宇，爭奪這尺寸之地的還有主宰着城市命脈的地下公共基礎設施，如水管、電綫、煤氣管等，鐵路如此大型的基建免不了會和它們有所衝突，讓設計師和工程師苦惱一番。

2.4.1
「唔該借借」

　　再完美的鐵路計劃，也敵不過城市空間有限的殘酷現實，特別是要在發展成熟的地區規劃走綫和車站，更容易出現衔接（Interface）問題 —— 項目在建造及營運期間，會對其他現有或未來基建、設施、軟硬件等有影響的風險，故此於鐵路項目的初步研究階段，項目團隊便須盡可能查明一切衔接問題，並在可行情況下修改原有設計來避開衔接的風險，即使未能避免也可設立風險管理措施，使工程得以順利進行。

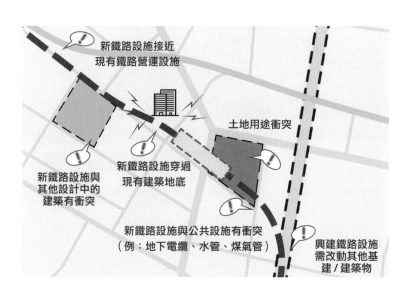

||||||||||||||| 銜接問題例子示意圖 |||||||||||||||

新鐵路設施接近
現有鐵路營運設施

土地用途衝突

新鐵路設施與
其他設計中的
建築有衝突

新鐵路設施穿過
現有建築地底

新鐵路設施與公共設施有衝突
（例：地下電纜、水管、煤氣管）

興建鐵路設施
需改動其他基
建／建築物

　　北港島綫作為香港其中一個重要的市區鐵路項目，至今仍只
聞樓梯響，多年的推遲使銜接問題接踵而來。二零零七年，地鐵
曾就添馬政府總部的設計向城規會提出反對，擔心政總的「門常
開」設計嚴重影響日後添馬站的施工和營運，及後經承建商與地
鐵協商後，地鐵才願意撤回反對。其實任何工程與相鄰建築物越
接近，對其造成的影響則越大，就例如大家經常在新聞中聽到的
沉降超標等，「自己有事事小，對方有事事大」嘛。另外，相鄰
設施未能配合鐵路自身設施的設計亦為項目產生不少問題，由於
鐵路設施的使用者流量一般來說較大，如人流控制、消防疏散的
要求比較嚴格，設計改動的空間亦不多，若可優先考慮鐵路設施
的設計要求，對推行鐵路項目有莫大的幫助。

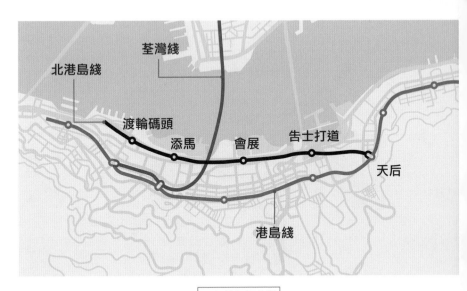

一九八九年方案

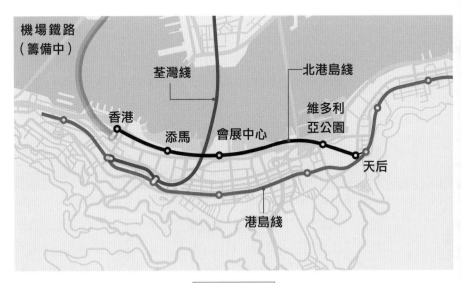

一九九三年方案

點樣劃條鐵：香港鐵路規劃 101

年路綫圖

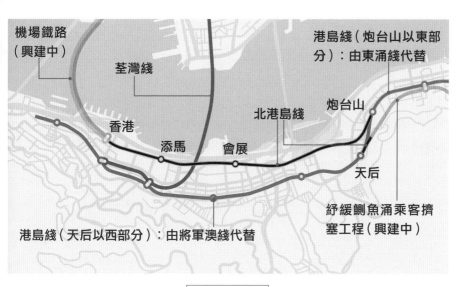

機場鐵路（興建中）

荃灣綫

香港

添馬

會展

港島綫（炮台山以東部分）：由東涌綫代替

北港島綫

炮台山

天后

紓緩鰂魚涌乘客擠塞工程（興建中）

港島綫（天后以西部分）：由將軍澳綫代替

一九九七年方案

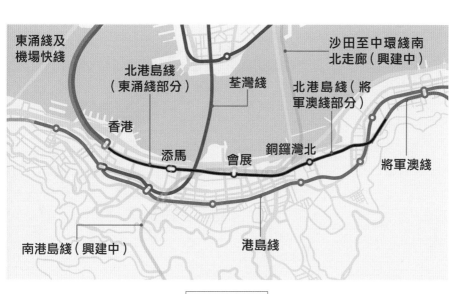

東涌綫及機場快綫

北港島綫（東涌綫部分）

荃灣綫

香港

添馬

會展

銅鑼灣北

沙田至中環綫南北走廊（興建中）

北港島綫（將軍澳綫部分）

將軍澳綫

南港島綫（興建中）

港島綫

二零一四年方案

　　會展站於沙中綫項目下動工時，已落實與北港島綫提供跨月台轉車安排，在此設計下北港島綫的隧道結構務必與沙中綫行車管道相當接近，若要在沙中綫落成通車後再興建北港島綫的基建結構，銜接問題多至屬不可接受的程度，無疑會對沙中綫的日常營運造成極大干擾。因此沙中綫工程須同時建造北港島綫月台、及會展站以西的隧道結構，即現時該站月台的大型壁報展覽遮蓋了背後那個神秘的月台，可惜二零二三年末政府宣佈繼續暫緩北港島綫項目，看來距離大家會在那個月台乘車的日子還有一段頗長的時間。

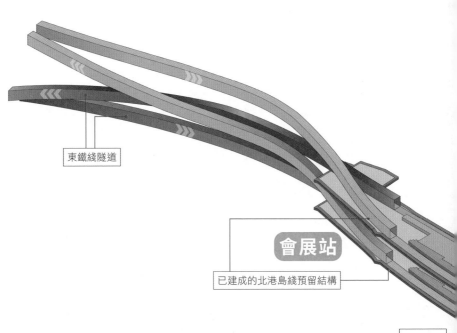

東鐵綫隧道

會展站

已建成的北港島綫預留結構

下層月台

會展站東鐵綫月台的對面存在已完成的月台結構，現時被一幅牆遮擋着。他日北港島綫通車時，乘客便能夠輕鬆走過對面月台轉車。

2.4.2
香港從來停不了

　　若然是全新的鐵路路綫，麻煩或許也少一些，全因以上提及的土木工程只是銜接問題的其中一個範疇，處理現行營運中鐵路的銜接就更為棘手。因為整個鐵路系統是由很多個精細的部件組成，如供電、通訊、軌道、訊號、通風、消防等等只是其中一部分的類別。由此可見，要改動營運中的鐵路設施，往往免不了要造成一定程度上的干擾。

　　環觀世界，不少鐵路營運者為避免改動工程影響系統正常運作及將乘客暴露於不安全的環境中，都會選擇將有關路綫停運一段時間，英國的倫敦交通局（Transport for London）在二零二三年為倫敦市中心的銀行地鐵站（Bank Underground Station）進行月台拓寬工程期間，將穿過倫敦市中心的地鐵北部綫（Northern Line）局部停運三個月。

　　以此相比，香港在過往進行類似的改動工程時，在處理營運中鐵路的銜接問題方面顯得十分優秀。早在二十多年前，地鐵公司為配合網絡擴張興建「紓緩鰂魚涌乘客擠塞工程」，部分工程涉及改建鰂魚涌站以西的隧道和軌道，讓列車能駛往北角站。儘管工程在繁忙的鐵路路綫旁進行，但日常鐵路服務幾乎並沒受影響，最多也只是花兩天提早一小時開出尾班車來增加工程時間，翌日行車一切如常。銜接問題能處理得宜，有賴項目團隊的良好計劃及高效率。

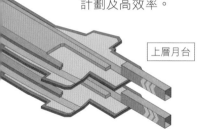

上層月台

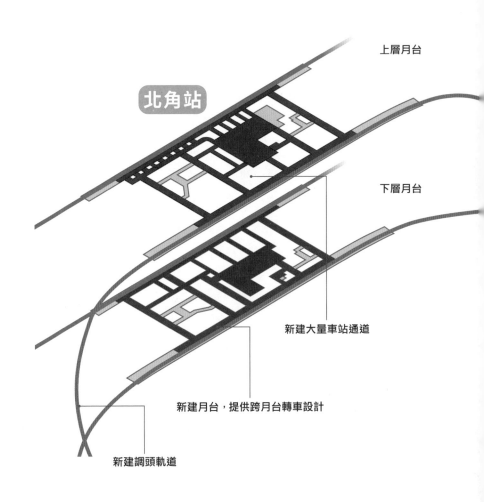

北角站

上層月台

下層月台

新建大量車站通道

新建月台，提供跨月台轉車設計

新建調頭軌道

點樣劃條鐵：香港鐵路規劃 101

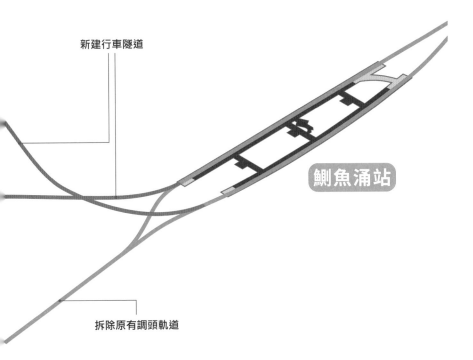

2.5

技術進步使困難變得簡單

2.5.1

鐵路隧道建造

　　香港面積雖然細小，但地底卻擁有多樣化的地質岩層，這些都會對鐵路項目的施工存在挑戰和變數，甚至直接影響施工進度，所以工程師了解過從鑽探中取得的地質樣本後，再根據結果採用哪種工法開挖隧道。例如當遇上深山內的新鮮花崗岩時，會充分利用其容易鞏固的特點，採用較低成本的鑽爆方式建造山岳隧道；至於面對市區地底土質鬆軟而容易崩塌的風化花崗岩或沉積岩時，就需要動用隧道鑽挖機（Tunnel Boring Machine）或更傳統的側導坑施工法（Side Heading Method）以協助即時固定與安裝隧道壁。隨着技術的進步，現代的隧道鑽挖機已能夠同時應付多變化的土壤環境，省略了以往繁複的工序，令工程更容易按時完成。

　　沙中綫的承建商經過價值工程的考慮後，最終在二零一六年於香港島北岸的地盤（沙中綫南面通風大樓至金鐘站鐵路隧道建造工程）引入香港首部「可變密度鑽挖機」（Variable Density TBM），利用切換不同鑽挖模式的優勢，於該處舊填海地及原有岩石地層交集的地底開挖隧道，減省了建築設備和時間。

隧 道 旅

▼明挖回填法（Cut and Cover Method）

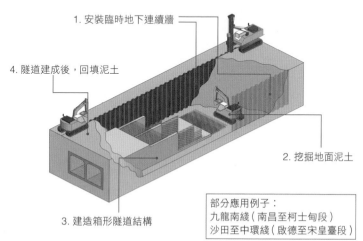

1. 安裝臨時地下連續牆

4. 隧道建成後，回填泥土

2. 挖掘地面泥土

3. 建造箱形隧道結構

部分應用例子：
九龍南綫（南昌至柯士甸段）
沙田至中環綫（啟德至宋皇臺段）

▼鑽挖法（Boring Method）

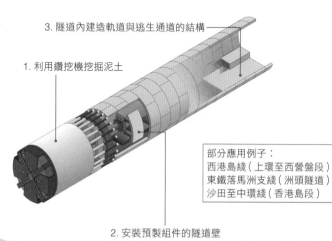

3. 隧道內建造軌道與逃生通道的結構

1. 利用鑽挖機挖掘泥土

部分應用例子：
西港島綫（上環至西營盤段）
東鐵落馬洲支綫（洲頭隧道）
沙田至中環綫（香港島段）

2. 安裝預製組件的隧道壁

▼鑽爆法（Drill and Blast Method）

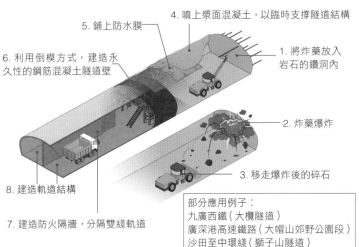

5. 鋪上防水膜

4. 噴上漿面混凝土，以臨時支撐隧道結構

6. 利用倒模方式，建造永久性的鋼筋混凝土隧道壁

1. 將炸藥放入岩石的鑽洞內

2. 炸藥爆炸

8. 建造軌道結構

3. 移走爆炸後的碎石

7. 建造防火隔牆，分隔雙綫軌道

部分應用例子：
九廣西鐵（大欖隧道）
廣深港高速鐵路（大帽山郊野公園段）
沙田至中環綫（獅子山隧道）

▼沉管隧道（Immersed Tunnel）

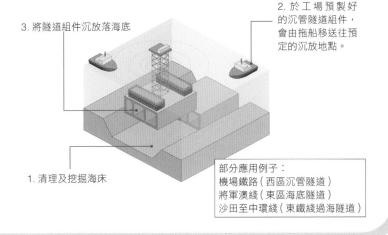

3. 將隧道組件沉放落海底

2. 於工場預製好的沉管隧道組件，會由拖船移送往預定的沉放地點。

1. 清理及挖掘海床

部分應用例子：
機場鐵路（西區沉管隧道）
將軍澳綫（東區海底隧道）
沙田至中環綫（東鐵綫過海隧道）

81

2.5.2
預製組件技術

　　當你從車窗裡飽覽高架橋外優美風景的時候，有沒有想過長長的鐵路高架橋是怎樣建成呢？早年建造地鐵市區綫（包括修正早期系統、荃灣支綫及港島綫）時，縱使海底鐵路隧道早已應用預製組件的沉管隧道建造，但露天段的鐵路橋樑皆仍然以傳統的倒模方式去澆灌混凝土建成，此方法需要佔用地面空間用作臨時支撐倒模器具。但自從建築公司於八十年代末從海外引入首部曳進吊樑機（Launching Girder）建造觀塘繞道後，「預製橋樑組件工法」（Precast segmental bridge construction method ）就漸漸成為香港建造橋樑的主流，此工法既能夠減少對地面活動的干擾，同時也節省了施工時間，而機場鐵路也順理成章地成為了首個以組裝形式建造橋樑的鐵路項目。

　　近年混凝土預製組件工法開始擴展至高架橋樑以外的鐵路建築物，未來的新鐵路項目將大量應用「組裝合成建築法」（Modular Integrated Construction，簡稱「MiC」），以現場裝嵌的方式建造鐵路車站如古洞站及洪水橋站，既能夠縮減工時亦符合現代的環保需要。

七十年代中地鐵建造修正早期系統露天段時，採用了即場澆灌混凝土工法建造鐵路高架橋。（觀塘綫九龍灣站至牛頭角站段）

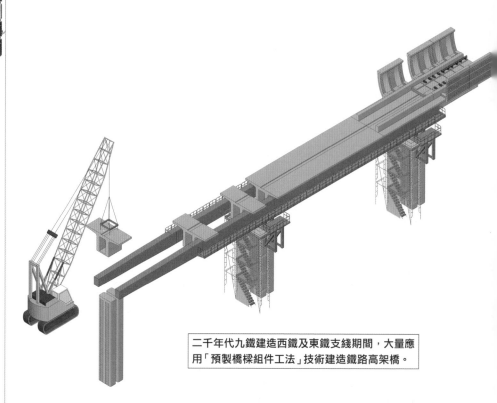

二千年代九鐵建造西鐵及東鐵支綫期間，大量應用「預製橋樑組件工法」技術建造鐵路高架橋。

二零一零年代建造南港島綫（東段）期間，施工團隊採用「移動模架」（Form Travellers）建造香港仔海峽大橋（Aberdeen Channel Bridge）。（Tony NG 提供圖片）

2.5.3
建築信息模擬

　　隨着數碼科技越趨進步，香港建造業自二零一零年代起陸續於大型基建工程中引入「建築信息模擬」（Building Information Modelling，簡稱「BIM」）技術。BIM 的原理是利用電腦程式將傳統的建築圖紙變成電腦上可四處遊走的三維立體模型，讓工程人員全方位了解建築物與周邊環境，方便預先進行工程規劃及風險管理，大大減少工期延誤或衍生額外成本的風險。自廣深港高速鐵路香港段項目開始，港鐵亦將 BIM 技術廣泛應用於各個鐵路項目的設計和建造階段上。BIM 技術可預先找出土木結構與其他樓宇設備潛在的衝突，例如工程團隊曾發現高鐵香港西九龍站的站柱與防煙幕的位置出現重疊，於是在施工前作出修正。香港的鐵路項目因涉及較多地底的工程，所以 BIM 可以在此類複雜的地盤環境中發揮其應有的功能。

　　面對人手短缺及建築成本持續上漲的外在環境因素下，創新的建築技術和硬件將仍然是香港未來新鐵路項目的大趨勢，以保障項目能夠按時完成。另一邊廂，近年香港政府積極推行智慧城市，未來的鐵路建設也踏進「智慧工地」的時代，利用智能裝置和創新技術進一步實時監察及保障新鐵路工地安全、品質及進度。在雙管齊下的策略之下，讓香港引以為傲的建造業繼續引領世界潮流。

知 多 一 點 點

建 築 信 息 模 擬 大 解 構

「建築信息模擬」主要將建築物結構、屋宇裝備及地下管綫分佈等等的圖則利用電腦軟件程式結合成一個三維立體模型，讓各個專業範疇的工程人員能透過螢幕了解地盤內的各種未能預見的情況，方便進行協調工作。

工程團隊設計高鐵西九龍站時，曾利用 **BIM** 技術發現車站柱身與防煙幕的位置重疊，並於建造時獲得修正。

受惠於近年建築信息模擬技術的進步，普羅大眾市民也能夠從新鐵路項目網站中以三百六十度「率先」遊覽新鐵路車站。

第三章

體制內的流程

3.1

體制內的 MMA：
官商民之間的角力

3.1.1
莊閒要識分：由政府主導的鐵路發展

　　即使是一位億萬富豪，也不能隨心所欲建造鐵路的！皆因鐵路規劃背後涉及層面更廣的人口規劃、都市規劃和整體運輸規劃的大熔爐之中，數者必須互相配合才能讓社區井然有序地發展。這些牽涉到公眾利益的決定需要由擁有公權力的政府擔當主導角色，鐵路自然也不能置身事外。自一九六零年代起，香港政府一直透過整體運輸策略或鐵路發展策略等等的政策文件，利用大數據勾劃出未來十至二十年能配合城市發展趨勢的鐵路走廊及制訂出落實次序。而鐵路公司就像一名下屬，只需要負責有效地執行政府的指示。因此，鐵路發展策略某程度上也反映了香港政府當時的管治思維與大政策的方向。

IIIIII 政府在鐵路規劃相關常設委員會的角色 IIIIII

由於不同政府部門對鐵路系統都有各自的設計與營運要求，因此自一九七零年代起政府部門與鐵路公司共同成立「安全及保安統籌委員會」（SSCC）、「軌道安全及保安委員會」（TSSC）及「車站及運輸綜合委員會」（STIC），讓各持份者能透過委員會提供設計要求及進行跨部門協調工作。當鐵路公司籌劃新鐵路項目時，會分階段向以上三個委員會提交詳細設計文件供各決策部門審視及提供意見。

	安全及保安統籌委員會 SSCC（Safety and Security Co-ordinating Committee）	軌道安全及保安委員會 TSSC（Trackside Safety and Security Committee）	車站及運輸綜合委員會 STIC（Station and Transport Integration Committee）
機電工程署 （鐵路科）	✔	✔	✔
消防處 （鐵路發展課）	✔	✔	✔
屋宇署 （拓展部）	✔	✔	✔
路政署 （鐵路拓展處）	✔	✔	✔
警務處 （鐵路警區）	✔	✔	✔
規劃署			✔
地政總署 （鐵路發展組）			✔
土木工程拓展署			✔
運輸署 （巴士及鐵路科： 鐵路監察部及 鐵路策劃部）			✔
鐵路公司	✔	✔	✔

1. 政府發表鐵路策略研究

2. 政府邀請鐵路公司撰寫項目建議書

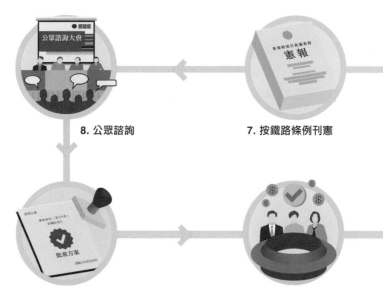

8. 公眾諮詢

7. 按鐵路條例刊憲

9. 政府方案授權

10. 行政會議批准項目的財務安排

15. 測試及營運

3. 可行性研究

4. 向政府提交建議書審
視及進一步提供資料

6. 展開詳細設計

5. 行政會議批准進行詳細規劃和設計

11. 簽署項目協議

12. 政府收地

14. 建造

13. 批出建造合約

自一九八二年九廣鐵路局由政府部門轉型為企業後，香港的鐵路系統全部由營辦商於政府的監督下經營。往後每當政府推出新鐵路項目，都會邀請個別的鐵路營辦商洽談財務與營運安排（如輕便鐵路），或邀請多間營辦商投標以讓政府選擇合適的營運者。為了提升鐵路系統的營運效率，政府於二零零零年發表《鐵路發展策略 2000》時，明確指出若往後的新鐵路屬於現有鐵路綫的延伸，政府可按情況直接交予該鐵路營辦商負責建造和營運，如九鐵的九龍南綫及地鐵的將軍澳支綫等。然而數年後兩鐵合併，由於香港只餘下港鐵公司承辦香港的重型鐵路系統，因此政府便根據《營運協議》分別以「服務經營權」及「擁有權」模式將新鐵路項目交予港鐵公司。踏入二零二零年代，為進一步控制成本與工期，政府將《鐵路發展策略 2014》內所有推展中的新項目劃一以「擁有權」模式交予港鐵公司。

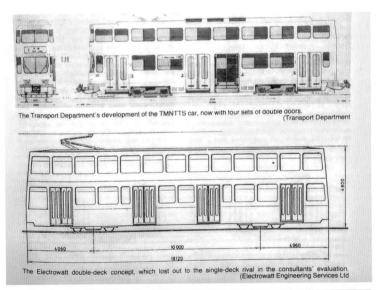

The Transport Department's development of the TMNTTS car, now with four sets of double doors.
(Transport Department)

The Electrowatt double-deck concept, which lost out to the single-deck rival in the consultants' evaluation.
(Electrowatt Engineering Services Ltd

營運香港電車服務的九龍倉公司，曾有意建造及營運屯門輕鐵系統，並早於一九七九年開始與政府磋商並呈交計劃報告書。圖為九龍倉公司所建議的輕鐵車輛。（香港電車文化保育學會提供圖片）

書向意遞已鐵兩
路鐵場機新建與參
成完中年明究研性行可

一九八九年，政府邀請地下鐵路公司和九廣鐵路公司就機場鐵路項目提交建議書。（《華僑日報》，一九八九年十二月六日）

3.1.2

以民為本：公眾壓力如何左右鐵路規劃

正所謂「水能載舟，亦能覆舟」，雖然鐵路規劃主要由政府及鐵路營辦商作主導，但無論建造還是日後營運，最受影響的持份者莫過於普羅大眾。尤其是過去三十年間香港人對社會的參與度大幅提升，使公眾對鐵路規劃的影響力有增無減。

在住宅密度非常高的香港進行大型鐵路工程，動輒牽涉到沿途數十萬名居民的日常生活，公眾自然會關注鐵路工程所帶來的負面環境影響。港鐵於二零零八年接手沙田至中環綫的項目後，最初因考慮東西走廊（即現在的屯馬綫）在實際營運上的需要而倡議在鑽石山前大磡村用地興建列車停放處。惟用地因涉及搬遷歷史建築物、位置過於接近民居以及日後上蓋物業影響景觀的緣故，即使港鐵曾多次嘗試修改列車停放處的設計，但選址一直受到區議會和居民的質疑甚至反對，更令諮詢陷入膠着狀態。適逢二零一零年港鐵停辦鐵路貨運業務，港鐵最後讓步，將列車停放處的選址由鑽石山改為空置的紅磡貨場，成為其中一個因公眾壓力成功改寫鐵路規劃的經典案例。

黃大仙關注沙中線大聯盟

運輸及房屋局局長
鄭汝樺太平紳士：

反對在黃大仙設置任何形式的沙中線車廠
反對沙中線徵用馬仔坑公園

　　沙中線是一項龐大的基建，由於其途經黃大仙的走線和設站，不符合本區居民的意願，並且要在本區設所謂列車停放處的車廠，同時又要永久徵用大部份馬仔坑遊樂場，令居民感到沙中線只會對本區帶來永久的滋擾，而沒有為本區帶來多大好處。

　　黃大仙區議會曾一再提出強烈反對，並提出許多可行建議，但政府並沒有積極加以考慮及作出正面回應。而港鐵向黃大仙區議會提交的進度報告（文件第 48/2010 號），更令我們感到港鐵並沒有誠意考慮我們的意見及建議，更一再縮減以往的承諾。令我們十分憤怒。

　　下列為我們就港鐵提交的進度報告逐點提出的質詢：

港鐵的進度報告	我們的質詢
地區關注事項	
(i) *鑽石山列車停放處*	
選址及設計	
10. 沙中綫大圍至紅磡段的車站遠離現有的八鄉車廠，而大圍車廠並無空間容納現有馬鞍山綫以外的列車，該兩個現有車廠均不能配合未來沙中綫早上繁忙時間的發車班次。在考慮現有車廠的位置，其發車方向及與沙中綫車站的距離後，建議於鑽石山前大磡村空置土地設置列車停放處。	➤ 區議會多次反對在大磡村興建車廠，建議在位於鐵路網中間的九龍西或新界東等興建車廠，至今未有回覆。聯盟質疑政府及港鐵並未認真探討在啟德原往土瓜灣站路段、或在顯徑站側設置列車停放處的可行性！若政府在探討後仍然堅要在大磡村設置列車停放處，請提出數據以說服我們。
11. 因應地區人士對上址土地未來發展的訴求，港鐵公司在設計路軌的走向、排列數量上都作出了調整，把列車停放處的用地量大幅下調四分之一，由原來 4.8 公頃下調至 3.6 公頃，透過這項調整，可以保留前大磡村西面啟德河的現況，而列車停放處的外牆與彩虹道的距離，由原來的 5 米增加到 8 至 74 米，這樣令沿彩虹道的一邊騰出了更多空間，可供不同發展方案之	➤ 聯盟希望得悉列車停放處實際需要停放多少列車？最少面積需求多大？ ➤ 就港鐵建議所保留前大磡村西面啟德河一帶土地，政府認為其面積是否足以興建活水公園？ ➤ 大磡村原規劃為綜合發展區，包括商業設施、社區設施等，但港鐵只建議騰出的空

居民組成大聯盟去信政府及立法會，反對在鑽石山前大磡村興建列車停放處。

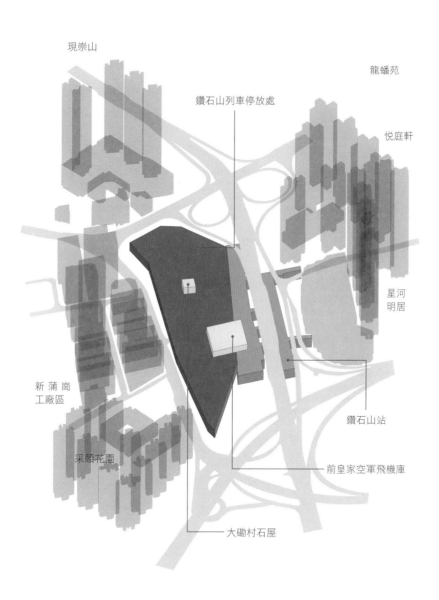

現崇山

龍蟠苑

鑽石山列車停放處

悅庭軒

星河
明居

新蒲崗
工廠區

鑽石山站

采頤花園

前皇家空軍飛機庫

大磡村石屋

鑽石山列車停放處的選址鄰近多個大型屋苑。

港鐵改為於停用的紅磡貨場原址改建列車停放處。圖為二零一八年已建成的紅磡列車停放處。

　　另一邊廂，作為鐵路的最終使用者，公眾亦關注鐵路營運的安排會否對固有的生活習慣帶來改變甚至不便。二零零三年，九鐵倡議重組輕鐵路綫以配合西鐵通車，原意是希望能強化輕鐵作為接駁西鐵的角色及避免資源重疊，但建議重整後的路綫過度側重於連接西鐵車站，卻無法維持區內既有的「點對點」服務，引起屯元天居民強烈不滿。最終九鐵衡量過公眾需要後，決定只在部分地區實施輕鐵路綫重組。

　　公眾壓力就像一枚硬幣，既能夠反映出居民的真正想法，亦難免會夾雜着一部分非顧全大局的聲音，甚至有些意見會與顧問研究有相違背之處。縱使如此，鐵路公司在規劃鐵路時仍然會在技術可行的情況下，盡量滿足市民的意見。

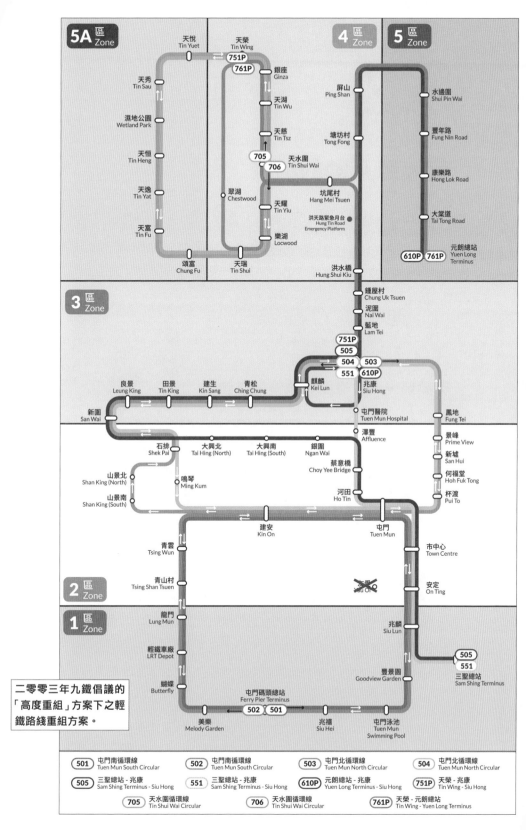

二零零三年九鐵倡議的「高度重組」方案下之輕鐵路綫重組方案。

3.2

與大眾互動的機會

3.2.1
從零到一：政府鐵路政策的諮詢

香港過往的鐵路規劃和其後的整體運輸規劃，主要都由殖民政府委託顧問公司進行研究與設計，完成後的報告書會送往「交通諮詢委員會」及行政局審議，最後由總督及行政局採納報告書後便向公眾發表。由於當時還未有區域諮詢制度，因此一般市民不能直接參與其中。

直到七十至八十年代，香港開始步入公民社會時代，殖民政府根據麥健時顧問報告書內的建議陸續推行政制改革，除了引入為人熟悉的市政局和區議會外，亦推行公眾諮詢制度，確保建議的政策能順利推行。在這種背景之下，開始展露出一般市民能直接參與鐵路規劃的機會。運輸科在一九九三年四月發表《鐵路發展研究》公眾諮詢文件，就首次容許市民就鐵路發展表達意見。

顧問公司於一九七零年將《集體運輸計劃總報告書》交予交通諮詢委員會審議。（《香港工商日報》，一九七零年十二月十日）

　　千禧年後，互聯網日漸普及，一般市民比以前更容易接觸到社會資訊，加上回歸後各類型政治團體的發展猶如雨後春筍，因而使越來越多市民關注未來鐵路發展的議題。在這種社會形態下，公眾諮詢的模式亦開始變得更貼近社區及更互動，不再局限於單方面向政府遞交意見。當二零一三年運輸及房屋局進行《鐵路發展策略 2000》檢討及修訂與《我們未來的鐵路》的研究時，政府除了製作諮詢文件及舉行展覽外，亦派遣官員聯同顧問公司的代表於港九新界舉辦數場公眾論壇，以直接對答的形式與持份者作交流。後來土木工程拓展署分別為洪水橋及啟德新發展區規劃環保連接系統期間，亦採取類似的模式與公眾交流。

香港政府運輸科

鐵 路 發 展 研 究
公 衆 諮 詢 文 件

一九九三年四月

一九九三年《鐵路發展研究》公眾諮詢文件。

Rail Connection 連 · 繫 · 鐵路 就

《鐵路發展策略 2000》檢討及修訂
「我們未來的鐵路」第二階段公眾參與活動
意見書

2013年5月3日 立法會鐵路事宜小組委員會特別會議席上

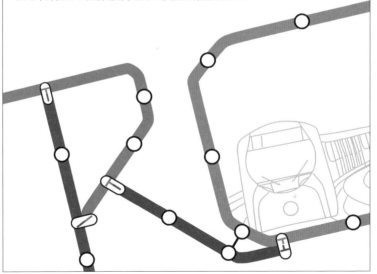

二零一三年，社區組織「Rail Connection 連 · 繫 · 鐵路」成員曾透過公眾諮詢途徑到立法會表達鐵路發展的意見，並向政府呈交建議書。

　　多元化的諮詢模式亦伴隨着一些爭議。當中有不少團體質疑政府訂出的諮詢問題帶有導向性，務求避免集中討論有爭議的地方，例如政府在《我們未來的鐵路》諮詢文件中曾以東涌西有足夠巴士服務為理由，從而帶出東涌西延綫是否有急切需要之問題，引起各個持份者的不滿。

洪水橋及啟德新發展區規劃環保連接系統的公眾諮詢文件。

土木工程拓展署於二零二零年在天耀邨社區中心舉辦洪水橋綠色運輸系統公眾論壇。

3.2.2
深耕社區：鐵路公司的公眾諮詢

就如上一章節提及，當政府決定推展某一個鐵路項目後，便會交由鐵路公司負責設計和建造工作。鐵路建築工程必然會引起社會大大小小的爭議和不滿，這個時候鐵路公司的項目管理人及工程師便需要向公眾介紹鐵路項目的規劃資訊，於動工前先釋除居民對工程的疑慮，再爭取公眾支持。

上世紀七十至八十年代的資訊流通並不發達，大眾只能透過報章報道或地盤圍板知悉有限的地鐵工程資訊，不少對地鐵工程一知半解而受到封路及遷拆等工程影響日常生活的市民，或會引起不滿甚至抗議。地下鐵路公司汲取過相關經驗後，在其他新鐵路工程中大力加強了宣傳工作。

一九八六年地鐵港島綫上環站通風井地盤。早年地盤圍板遍佈「地下鐵路，為你建造」的口號及經典的樹木圖案宣傳海報，向公眾宣傳建造地下鐵路的好處。（香港電車文化保育學會提供圖片）

　　九十年代末籌劃九廣西鐵及將軍澳支綫時，因應走綫將會深入發展成熟的市區與新市鎮或紮根已久的鄉村地區，加上當時香港仍有「三級議會」（即立法會、市政局及區議會）的監督架構，兩鐵在公眾溝通及宣傳上皆花費了前所未有的功夫，除了廣泛諮詢各級議會及居民外，亦在社區內舉辦大大小小的展覽和嘉年華活動，以互動形式讓市民充分了解鐵路工程，往後的新鐵路項目亦沿用這套完整的諮詢體系。

　　兩鐵合併後，鐵路公司除了保留傳統的諮詢形式外，亦充分利用互聯網及社區文化的優勢，嘗試開創以多元方式宣傳新鐵路。例如邀請部分社區組織及學院合作，共同舉辦具本地特色的導賞團及製作網上遊戲，將娛樂元素融入社區溝通層面。近年更推出流動宣傳車及期間限定市集，以更嶄新的諮詢模式迎合社會潮流。

九十年代推展機場核心計劃期間,地下鐵路公司及機場工程統籌署分別印製小冊子及設置展板,向公眾介紹機場鐵路工程的資訊。

108

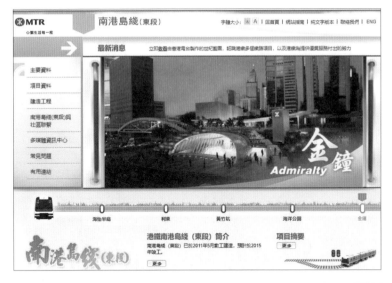

二零一零年代初,港鐵公司陸續為五個大型鐵路項目設立專屬的工程網站,讓市民了解項目完整的資訊及工程進度。

港鐵公司於二零二一年與社福機構合作在屯門區內舉辦限定市集與工作坊，宣傳當時正在規劃的屯門南延綫。

港鐵公司自二零零九年開始在沙田至中環綫沿綫的屋邨商場設置流動展覽。
（**Rail Connection** 連・繫・鐵路提供圖片）

3.2.3
互信的橋樑：工程期間的社區聯繫

　　做完諮詢後工作就完成了？言之尚早了！縱使鐵路公司在設計階段已對沿綫一帶的環境進行了深入調查並收集居民意見，然而在建造過程中仍會遇上難以預料的問題。因此鐵路公司在鐵路建造期間仍需保持溝通渠道，透過社區聯絡小組向居民匯報工程進度、處理居民的疑問與投訴，甚至應付任何突發情況。早年市民只能循鐵路公司的熱綫電話與工程人員聯絡，但九鐵自從西鐵項目開始後採用全新的工程管理架構，首次設立實體的社區聯絡辦事處，方便市民親身前往查詢。

111

洪水橋站流動宣傳車。（二零二二年）

　　鐵路公司既在工程合約上經常與承建商聯繫，也是日後以新鐵路服務市民的機構，因此作為一個「大業主」便要發揮兩者之間的協調角色，解決各類工程上的問題或紛爭。例如接獲居民投訴樓宇損毀的個案時，鐵路公司經獨立公證行核實後，便會根據

沙田至中環綫建造期間，港鐵公司在馬頭圍開設社區聯絡中心。

申索機制向居民賠償或代為修理。除此之外，居民亦經常關注環境問題，例如鐵路工地產生了嘈音或混濁空氣，鐵路公司便會要求承建商採取適當的緩解措施，減低對居民的影響。

　　緊密的聯繫又豈止建基於調解紛爭上呢？自九十年代末起，鐵路公司主動參考外國做法，開始透過舉辦不同性質的交流活動，讓大眾更深入了解難得一見的鐵路工程，作為聯繫社區的另一個範疇。項目建造期間，鐵路公司會邀請各類型的民間團體參觀鐵路地盤，而通車前也會舉辦開放予公眾的新車站開放日。此外，鐵路系統涉獵多項專業工程範疇，因此新鐵路項目也是一個難得的交流平台，鐵路公司偶爾會舉辦講座及邀請各個專業團體實地視察，分享嶄新的建築技術或案例，讓業界擴闊視野。

所謂「預防勝於治療」，在解決紛爭以外，致力減低對社區的影響也是社區聯絡小組的工作目標之一。由於鐵路公司早年缺乏在市區地基較淺之唐樓下建造地鐵的經驗，興建地下鐵路時便經常遇上樓宇塌陷或沉降的情況，引起當時社會對

▼ 1977 年修正早期系統工程地陷

一九七七年九月《工商日報》於頭版大篇幅報道地下鐵路修正早期系統建造期間，因彌敦道有樓宇下陷而需要緊急疏散居民。

地鐵工程的反感，使地下鐵路公司和香港政府需要動用額外資源處理危機。鐵路公司汲取此經驗後，在往後的新鐵路工程上更為重視樓宇監測，施工前會對樓宇作詳細勘察及放置監測點以及早發現潛在的危險，並對工地採取適當的調整。

▼西港島綫樓宇傾斜監測點

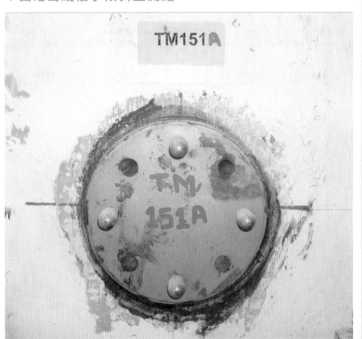

西港島綫大部分路段均採用鑽爆方式建造隧道，承建商會在靠近走綫的樓宇放置「樓宇傾斜監測點」（**Building Tilting Monitoring Point**），定時監測建築物的傾斜度。

九廣鐵路公司與慈善機構於二零零一年曾舉辦「西鐵光明行」慈善步行活動，帶領參加者遊覽仍在建造中的八鄉維修中心及大欖隧道。（**Tony NG** 提供圖片）

港鐵公司於二零一六年曾聯同南區的某青少年中心舉辦導賞團，帶領參加者遊覽南區的歷史文化景點及參觀當時尚未啟用的南港島綫黃竹坑站。

二零一七年舉辦的「高鐵列車開放日」，港鐵公司開放石崗列車停放處予市民參觀。

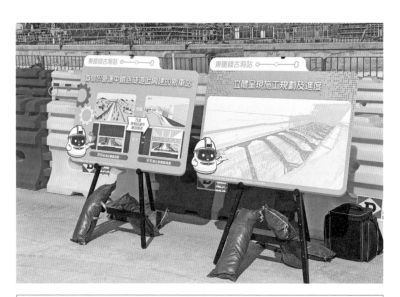

二零二四年，港鐵公司邀請部分鐵路團體到訪東鐵綫古洞站地盤，了解車站的建造方法。

3.3

一切都是錢作怪

3.3.1
錢從何來？鐵路建設的融資方式

　　鐵路建設往往需要花費數以百億元計的龐大資金，單靠鐵路公司的內部財政或營運收入難以達至收支平衡，因此政府會按情況直接從庫房提供資金予鐵路公司，以協助擴充鐵路網絡。就以西港島綫為例，由於港島西區一帶早已發展成熟，加上走綫深入地底，難以物色合適的土地發展鐵路物業，最終政府以「非經常性補助金模式」之名義向港鐵提供全數一百二十七億元的建造費。然而，政府注資定必牽涉到公共財政資源，不但每次都要經立法會質詢後才能夠獲審批通過，而且亦受到公眾關注與監察。以「服務經營權模式」全數注資興建的廣深港高速鐵路（香港段）及沙田至中環綫，分別因造價高昂及工程質量問題而引起社會強烈的爭議，令項目進度一度有阻滯。

二零一零年，反高鐵示威者包圍立法會，抗議造價六百六十九億港元的高鐵項目不符合成本效益。（維基百科 WiNG 圖片）

二零一八年，沙田至中環綫地盤接連被揭發質量醜聞，再次喚醒公眾在政府採用「服務經營權模式」之下投資建造鐵路的監管力度。

除了依賴政府注資外，鐵路公司亦會透過「借貸」或「發行債券」的形式，籌集建造鐵路所需的資金。由於償還款項年期較長，這種「以時間換取金錢」的方式有助紓緩龐大建設費用的壓力。地下鐵路公司於一九七六年起的十年間曾分四次發行共二十二點五億港元債券，並向外資銀行簽訂二億元的貸款合

各大報章曾報道地

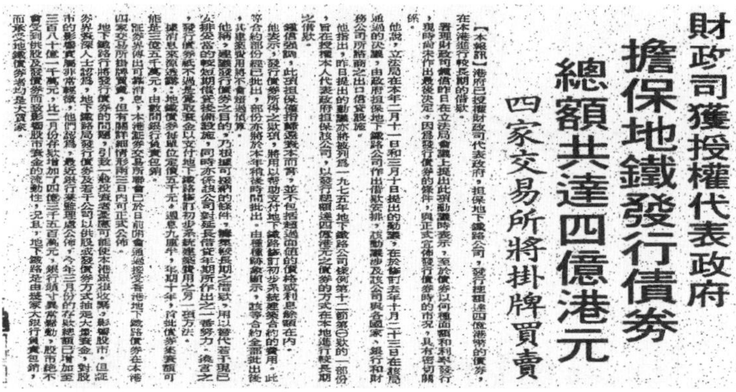

財政司獲授權代表政府
擔保地鐵發行債券
總額共達四億港元
四家交易所將掛牌買賣

《工商日報》，一九七六年五月二十七日

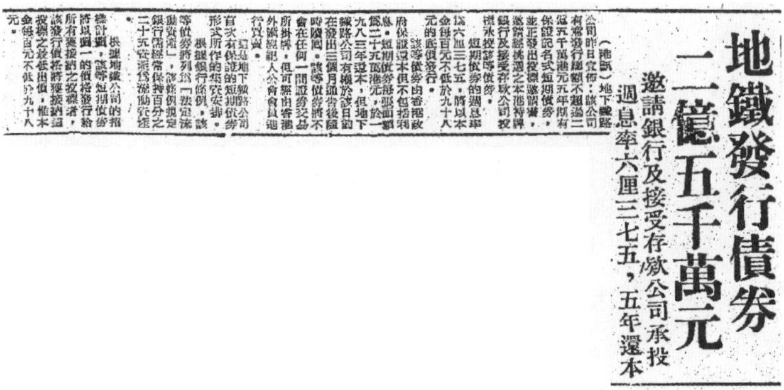

地鐵發行債券
一億五千萬元
邀請銀行及接受存歀公司承投
週息率六厘三七五，五年還本

《華僑日報》，一九七八年五月五日

點樣劃條鐵：香港鐵路規劃101

約，以協助籌集近二百五十億港元的地鐵建設費，而政府更於一九七五年經立法局批准後成為債券之擔保人，讓地下鐵路工程能順利推展。九廣鐵路公司亦曾於一九九九年發行總值一百億港元債券，以籌集西鐵第一期及東鐵支綫部分的建設費。

各公司發行債券

《華僑日報》，一九八四年九月五日

《華僑日報》，一九八六年二月二十五日

　　除了透過政府注資或鐵路公司借貸外，香港亦採用獨特的「鐵路加物業」（Railway plus Properties，簡稱 R+P）模式進行融資。R+P 的原意是政府提供鄰近鐵路的土地，讓鐵路公司聯同地產發展商建造鐵路上蓋物業，再利用物業收益補貼鐵路建設和營運的費用，以減輕建造鐵路系統的巨大成本負擔。地下鐵路公司自一九七六年起已利用這種模式大量發展車站及車廠上蓋物業和商業大廈，間接使公司財政於十多年後迅速轉虧為盈。R+P 模式於八十年代末也擴展到九廣鐵路公司的輕便鐵路項目上。

香港「鐵路

 公共空間

 鐵路車站

 酒店

類型一：零售及商業大廈　　　　　**類型二：純住宅**

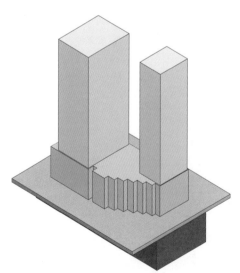

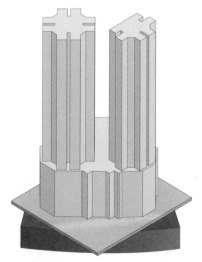

例子：
金鐘站海富中心、中環站環球大廈

例子：
天后站栢景臺、葵興站新葵興花園

時至今日，R+P 模式已進化成以鐵路車站為核心去發展周邊社區網絡的 TOD 發展模式，讓更多居民能享受鐵路服務，例如九龍站商住區及將軍澳新市鎮。然而此模式亦有缺陷，R+P 模式的成功受惠於香港人口密度極高及平地很少而需要發展高密度樓宇，因此即使港鐵公司近年積極發展海外業務，但 R+P 模式也未如香港般林立。

」的類型

商業大廈

住宅

零售

類型三：零售及住宅　　　　　　　　　　**類型一：酒店、公共空間及商住區**

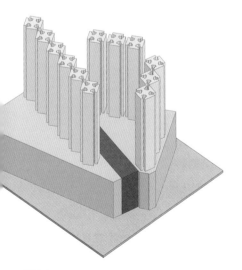

例子：
青衣站盈翠半島、坑口站蔚藍灣畔

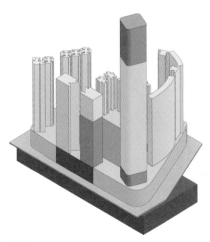

例子：
九龍站圓方商住區、紅磡站置富都會商住區

123

港鐵公司營運深圳地鐵四號綫期間，於龍華車輛段發展上蓋住宅物業「天頌」，成為其中一個港鐵於香港以外地區引入「鐵路加物業」模式的例子。

香港亦有採用「建造、營運及移交」（Build, Operate and Transfer，簡稱 BOT）的融資方式推動公共交通基建。BOT 的原理就是將基建項目交予民間財團投資和興建，在營運一段時間後將擁有權交回政府。雖然香港有數條行車隧道都採用 BOT 模式興建，但鐵路卻只有東區海底隧道曾採用這種模式。八十年代中，地下鐵路公司因大規模建造修正早期系統、荃灣支綫及港島綫，早已出現嚴重負債，在缺乏財力無法建造額外支綫的情況下，唯有將第二條過海鐵路交予東區海底隧道一併建造，直至二零零八年才交還予港鐵公司擁有。不過鐵路走綫設計受制於遷就行車隧道，加上地鐵缺乏長遠的規劃，最終為十年後推動「紓緩鰂魚涌乘客擠塞工程」埋下了伏筆。

地下鐵路公司於一九八四年與部分有意投資東區海底隧道的財團洽商合作建造第二條過海鐵路隧道。（《工商晚報》，一九八四年十月二十三日）

前身為觀塘綫過海段其中一部分的「藍田服務聯絡綫」(Lam Tin Service Connection Track)。此路段連同藍田站、鰂魚涌站擴建部分及東區海底隧道都以 BOT 模式建造。

3.3.2
對社會帶來的效益

　　對每個市民來說，鐵路所帶來的好處就是縮減交通時間、行程方便了，當我們將畫面拉闊，從大眾角度思考，涉及到的利益關係便大得多。鐵路是一種成本高昂的基建，政府出錢，要向納稅人負責；鐵路公司出錢，要向股東負責，即使有錢也不代表可以隨意揮霍。畢竟香港是個資本主義社會，政府在發展交通基建時難免要講求回報，在上一章講解的可行性研究階段中，政府和鐵路公司會計算鐵路項目的直接經濟效益及經濟內部回報率。

　　俗語說「時間就是金錢」，普羅大眾會留意到省掉的行程時

間，在經濟角度上正是可以換算為金錢。普遍鐵路項目的其中一項經濟效益考慮，通常來自於所節省時間的金錢價值 (Value of Travel Time Savings)，以此量化項目所提供的回報，並且用以計算經濟內部回報率。經濟內部回報率根據鐵路項目由開始建造至通車後的一定年期內（例如四十年），項目的財政收益減去成本後得出之淨收益來計算，儘管這些是決策者就是否投資的重要決定指標，但無可否認對普羅大眾來說也只不過是冷冰冰的數字。

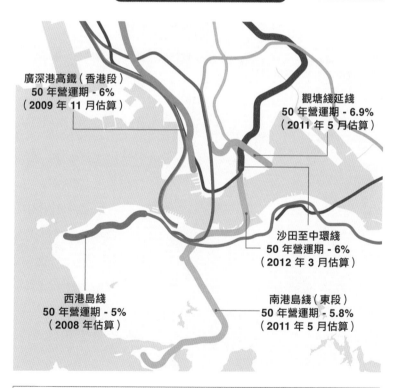

‖‖‖‖‖‖‖‖‖‖ 鐵路經濟內部回報率一覽 ‖‖‖‖‖‖‖‖‖‖

廣深港高鐵（香港段）
50 年營運期 - 6%
（2009 年 11 月估算）

觀塘綫延綫
50 年營運期 - 6.9%
（2011 年 5 月估算）

沙田至中環綫
50 年營運期 - 6%
（2012 年 3 月估算）

西港島綫
50 年營運期 - 5%
（2008 年估算）

南港島綫（東段）
50 年營運期 - 5.8%
（2011 年 5 月估算）

香港近十年相繼有五個新鐵路項目通車，圖中各項鐵路的經濟內部回報率均是動工前的估算。

127

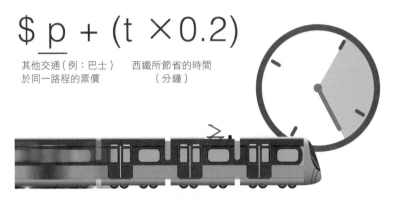

九鐵時值票價概念

時值票價

$\$\underline{p} + (t \times 0.2)$

其他交通（例：巴士）　　西鐵所節省的時間
於同一路程的票價　　　　（分鐘）

九鐵在訂立西鐵票價時，加入以金錢換取時間的「時值」票價概念，車程每節省一分鐘票價便多收兩毫。

相信鼻敏感問題對不少讀者來説就像老朋友一樣，一年總會遇上幾次，香港空氣質素多年來為人詬病，推展新鐵路項目作為減少路面交通壓力的政策目的之一，在一定程度上協助減少路面污染物排放。眾所周知，在眾多交通系統中，電氣化鐵路絕對是碳排放量最低的選擇之一，而且電氣化列車在行駛時不會排放廢氣，對於環境保護方面仍然有一定的程度貢獻。

由於本港的公共設施實在太方便，很容易便會忽略了交通基建對提升城市可達性（Accessibility）和公平性（Fairness）的貢獻，鐵路作為公共基建設施之一，任何人皆有權使用，因此設計上需符合共融（Inclusive）的條件。

高齡人口及殘疾人士行動不便，特別是本港正面臨日益嚴重的人口老化問題，如無階級通道（Step free access）等的無障

礙設計顯得尤其重要。公共基建提供無障礙設施已經成為香港的
法定要求,在規劃鐵路系統時不可或缺,保障所有人有同樣使用
設施的權利。而且海外有不少研究指出,擁有優良的交通網絡可
令低收入人士同樣有出行的機會,間接有助提供更多就業機會,
增加社會向上流動的機會。

車站升降機(**Matthew Yip** 攝)

盲人引導徑（Matthew Yip 攝）

出入口斜道（Matthew Yip 攝）

點字摸讀地圖（Matthew Yip 攝）

列車無階級上落（Henry Cheung 攝）

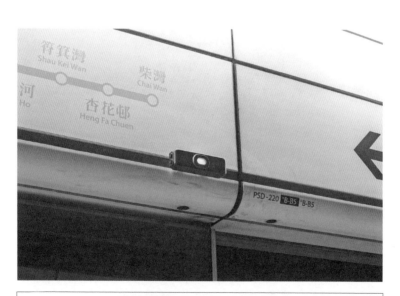

車門開關燈號（Matthew Yip 攝）

點樣劃條鐵：香港鐵路規劃 101

清晰的廣播系統（Henry Cheung 攝）

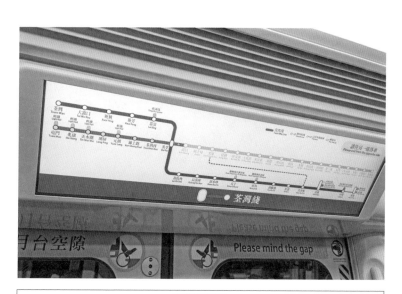

動態路綫圖

第四章

要認真起來，
到底有多麼認真？

4.1

不要在我的後花園

4.1.1
「有法必依」：鐵路收地之相關法律

　　鐵路是近二百年來才出現的產物，可是不少土地在鐵路出現之前已被原住民佔用，因此難免需要徵收私人土地以興建鐵路。早年興建九廣鐵路（英段）之初，殖民地政府便引用一九零零年訂立的《收回官地條例》（Crown Lands Resumption Ordinance）取得建設所需之用地。其後立法局於一九零九年通過《1909 年鐵路條例》（Railway Ordiance, 1909），為鐵路收地賠償提供一套清晰的法律程序和依據。

　　經歷戰後人口遷徙及本地嬰兒潮，香港人口於五十至六十年代間急速膨脹，市區的樓宇亦比戰前建造得更高層而且更密集，在這個環境下要收地興建地下鐵路系統絕不容易。於是政府在一九七四年便頒佈了《集體運輸鐵路（收回土地及有關規定）條例》，不但賦予一套獨立的法律程序用作收回土地和地層，條文裡更設立與鐵路關連之「地役權」。地役權的作用是在樓宇密度

極高的市區環境下劃定一些鐵路用地範圍，相關範圍可涵蓋樓宇結構之內，方便設置地鐵站的設施如出入口或通風樓等等，讓居民能便利地使用地鐵服務。

---

(2) where the administrator has provided suitable accommodation for the crossing of a road or stream and the road or stream is afterwards diverted by the act or neglect of the person having the control thereof, the administrator shall not be compelled to provide other accommodation for the crossing of the road or stream.

Limitation of action for compensation.
*
†

12. No action or suit shall be brought or maintained against the Crown or against the administrator or against any person for compensation or for any loss or damage resulting to any person by reason of the construction of any railway works ; but if any person considers himself to be entitled to compensation in respect of any land or property adjoining a railway, or of any interest therein which has in his opinion been injuriously affected by the construction of such works, he may, if no agreement has been come to between himself and the administrator, forward to the Colonial Secretary a claim for compensation, which claim shall be determined in the following manner—

Appointment of arbitrators.

(1) There shall be two arbitrators, one of whom shall be nominated by the Governor and the other by the person claiming compensation.

(2) The two arbitrators so nominated shall view the land or property in respect of which such compensation is claimed with the object of deciding what sum should in the circumstances of the case be awarded as compensation, and if the said arbitrators agree as to the amount their decision shall be final. In case of disagreement they shall, and at any stage of the arbitration they may, refer the matter in dispute to such one of the judges as umpire as the Chief Justice shall arrange and the decision of such judge shall be final.

(3) The decision of the arbitrators or the umpire, as the case may be, shall be forwarded in writing to the Colonial Secretary.

Costs.

(4) Where the amount of compensation, if any, is determined by the arbitrators, each party shall pay the costs incurred by him in respect of the matter of the arbitration, but if the matter in dispute is referred to a judge the costs of and incident

* As amended by No. 28 of 1927 [23.12.27].
† As amended by Law Rev. Ord., 1939.

在《1909 年鐵路條例》中，列明受鐵路建設影響的人士應尋求仲裁員釐定賠償金額，並向輔政司提出申索。

地鐵範圍有修改

替換圖則免費供查閱

【本報訊】政府應報昨日公佈，有關方面已對經修訂之集體運輸鐵路初步系統之鐵路圖圍則作出修訂。凡屬「鐵路範圍」內之地段，政府均有權收回，或制定地上、地下及地面上空之地役權，以便配合與建鐵路之需要。

經修訂之替換圖則，其副本已按照集體運輸鐵路（收回土地及有關規定）條例之規定，存放於田土註冊處。該圖則亦標示德輔道中廿一至廿三號鐵行大廈附近之一段「鐵路範圍」，其界限略有修改。

市民可於辦公時間，到香港政府合署西座地下中西區民政處諮詢分處、香港花園道英利大廈二十樓工務司署及各區民政處免費查閱。

七十年代政府以「地役權」收回地層興建地下鐵路之報道。（《香港工商日報》，一九七七年五月十四日）

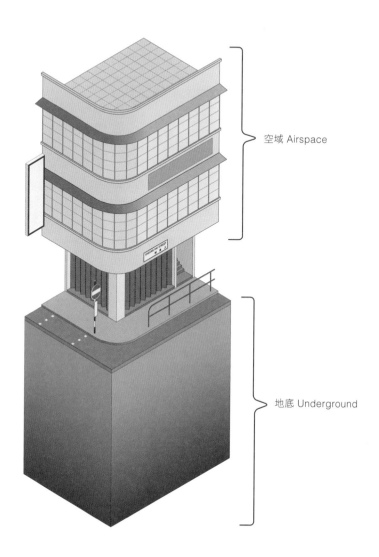

空域 Airspace

地底 Underground

土地的概念除了大家所常見的地面之外，還包括了「地層」（**Stratum**），在法律角度上還會將地層細分作「空域」（**Airspace**）及「地底」（**Underground**）兩種。由於鐵路會因應走綫設計穿梭架空或地底，故此在法定程序上會詳細列明需要收回哪一部分的地層。

點樣劃條鐵：香港鐵路規劃 101

政府於二零一二年公佈黃埔站的修訂方案，改為利用「地役權」徵用黃埔花園錦桃苑第五座與第七座之間的地面商店位置建造 **C2** 出口。

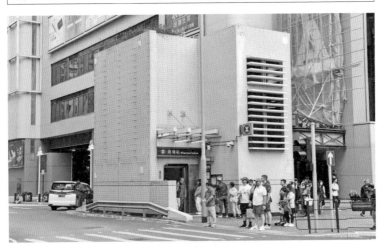

政府於二零零九年刊憲觀塘綫延綫時，於收回土地圖則中列明需要收回部分
空域及地下空間，以興建黃埔站的升降機、緊急救援通道及通風井。（左下圖
及右圖）

直到九十年代中，為方便收回新界元朗及錦田一帶之大量土地作興建西鐵之用，政府運輸科於一九九七年參考《道路條例》為藍本制訂全新的《鐵路條例》（第五百一十九章），改善鐵路收地程序並取代地下鐵路條例中大部分的條文。條例不但賦予鐵路公司人員可進入私人土地作勘探的權力，也為公眾提供了完整的諮詢與反對機制，使鐵路項目在推展上比以前更順暢。現時所有新鐵路項目都沿用《鐵路條例》（第五百一十九章）進行法定的收地程序。

政府會根據法例於鐵路工程影響的土地上張貼通告，知會沿綫居民。

由於收回私人土地或地層必定牽涉巨額賠償，而且會直接增加鐵路項目的開支，因此鐵路公司通常會選擇較少爭議的用地如公園或政府設施興建鐵路設施，甚至修改鐵路走綫以避免收地。

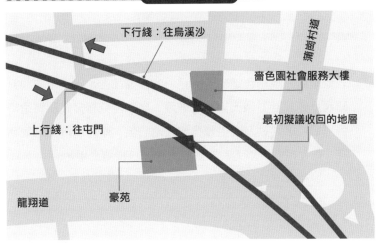

沙田至中環綫黃大仙段於二零一一年的修訂版刊憲方案中，將上行綫（往屯門方向）的走綫稍微向北面移動，避免收回豪苑的地層。

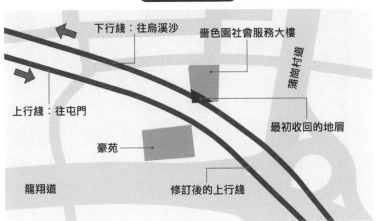

鐵 路 預

一條鐵路由規劃到通車，過程通常需要花上十年，十年的時間足以見證社區翻天覆地的變遷。為了避免日後興建鐵路時會影響社區活動及產生繁複的收地賠償，政府進行土地規劃時，會在相關法規上為未來的鐵路走綫預留土地。

▼譚公道大廈

譚公道部分於一九七零年代重建的大廈，受到「地鐵預留範圍」的限制而向南退後約四米。

一九七零年代初，政府有見部分市區重建的樓宇將與集體運
輸系統（即後來的地下鐵路）走綫有所抵觸，因此在審批重
建樓宇圖則的過程中施加限制，規定不得在土地上某些部
分建造樓宇，並且列為「地鐵預留範圍」（**Hatched area to
set back for Inner Reserve for M.T.R.C.**）

▼香港工商銀行大廈圖則

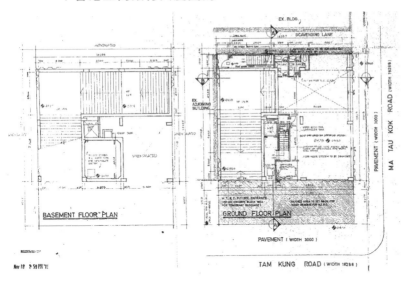

除了「地鐵預留範圍」外，工商銀行大廈也按規定於樓宇地底預先建造
了東九龍綫馬頭圍站出口的結構。（屋宇署圖則）

145

另一個較明顯的例子是位於新界元朗凹頭的私人屋苑峻巒（PARK YOHO）。政府於二千年代根據《鐵路發展策略2000》的北環綫走綫建議，於「分區規劃大綱圖」（Outline Zoning Plan）中將錦田北至牛潭尾一帶部分土地列為「鐵路專用通道」（Railway Reserve）。

▼峻巒航拍圖

現時峻巒兩排樓宇之間闊度約三十米的綠化帶，是屬於法定的「鐵路專用通道」範圍下預留未來北環綫走綫的土地。

▼鐵路專用範圍

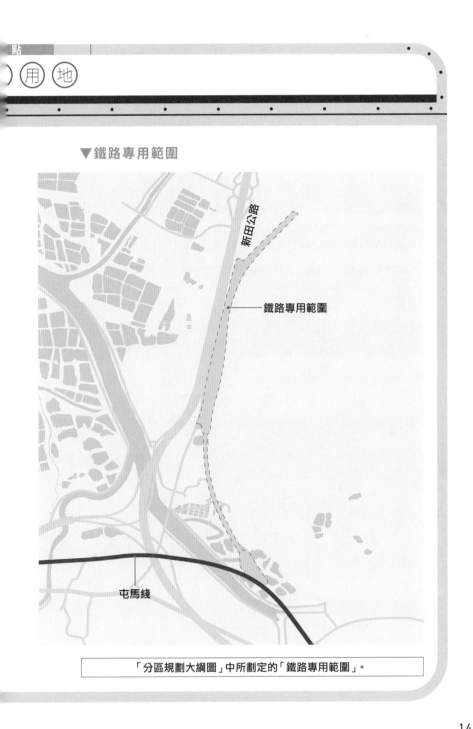

「分區規劃大綱圖」中所劃定的「鐵路專用範圍」。

4.1.2
「借個靚歪」：工程期間的臨時措施

　　「埋位埋位，借個位來！」鐵路工程需要依賴大型機械完成各項艱巨任務，因此承建商難免需要佔用部分道路或徵用社區設施用地劃作臨時地盤，此舉不但會滋擾居民的日常生活，亦會引起安全問題。因此鐵路公司會聯同政府部門及承建商共同商議「臨時交通管理措施」（Temporary Traffic Management Schemes），在符合道路的規範與標準之下制訂一系列封路、改道、遷移交通設施的計劃，以維持工程期間道路暢通。

　　正如上一節提及，鐵路公司會盡量選擇爭議性較低的政府社區設施用作工地或鐵路設施。不過香港社區設施仍然受到規劃署《香港規劃標準與準則》的約束，因此為符合準則，鐵路公司通常都會選擇在動工前先行重置或完工後就地還原社區設施，甚至在工程期間搭建臨時社區設施，以應對社區需要。過往西港島綫、沙田至中環綫及屯門南延綫項目均在新車站附近覓地重建新游泳池。

（圖片：香港電車文化保育學會）

配合地鐵工程需要
電車今晚提前停駛

【本報訊】港島灣仔道以西的電車服務，將於今（星期六）晚十一時提前停止，以適應地下鐵路畢打街站建築工程之需要。

運輸署發言人說，上述電車服務提前停止後，早打街附近之德輔道中之電車路軌將進行改道工程。十一時後，筲箕灣及堅彎之間，包括跑馬地在內，則繼續保持有限度之電車服務。正常電車服務當於翌晨（星期日）恢復。

自各處總站開往灣仔以西之尾車尾班時間。

筲箕灣至上環，夜間十時二十七分。北角至屈地街，夜間十時二十五分。北角至屈地街，夜間十一時三十八分。跑馬地至堅尼地城，夜間十時四十二分。跑馬地至上環，夜間十時四十二分。跑馬地至上環，夜間十時四十二分。

自灣仔以西之總站開往灣仔以東各區之電車，其尾班時間如下。堅尼地城至跑馬地，夜間十一時十六分。上環至北角，夜間十一時零五分。屈地街至北角，上環至筲箕灣夜間十一時二十分。

（剪報：《香港工商日報》，一九七七年八月二十日）

一九七七年地鐵興建修正早期系統畢打站（即現在的中環站）期間，路面的電車服務需要改道及間歇性提前停駛。當時的臨時交通管理措施亦相對簡單。

沙中綫土瓜灣站建造期間，馬頭圍道的行車道及行人路經常被改道，以便採用明挖回填方式建造車站大堂和月台。

湖景路花園於二零二四年起封閉，被臨時用作屯門南延綫之地盤。

　　路面車輛遷就工程，鐵路車輛亦不能置身事外。由於鐵路的基建設施結構比路面更為複雜，若新鐵路工程項目涉及修改現有鐵路的軌道，便需要更精密的部署務求將影響減到最小，故此鐵路公司的工程部門和營運部門要互相溝通和配合，在維持正常鐵路服務的同時不會拖慢工程進度。九鐵於二千年代初建造西鐵時順道改造輕鐵新發站（後來更名「屯門站」）與兆康站，讓輕鐵與未來西鐵能提供更佳的接駁服務，而在工程期間輕鐵便需要改道及使用臨時月台以維持正常服務。

　　但遇上地理環境不允許使用改道方法時，暫停鐵路服務是另一個折衷的選擇。在西港島綫及沙田至中環綫過海段建造期間，鐵路公司選擇於非工作日暫停部分路段之全日客運服務，以騰出日間時段進行道岔與電纜改造工程，讓原有路段能暢順地接駁新建路段。

「杯渡路架空輕鐵路軌工程」進行期間，便需要短暫佔用毗鄰的馬路設置臨時
輕鐵軌道，以騰出空間建造架空橋樑接駁西鐵屯門站。（**Tony NG** 提供圖片）

九鐵於兆康輕鐵站的北面搭建了一組臨時月台，讓輕鐵月台原址重建為接駁西
鐵兆康站大堂的交匯處。（**Tony NG** 提供圖片）

點樣劃條鐵：香港鐵路規劃 101

二零一一年八月上環站曾經關閉五十四小時，進行更換道岔工程，為連接西港島綫作準備。（**Rail Connection** 連·繫·鐵路提供圖片）

鐵路公司於二零二一年曾七次暫停紅磡站至旺角東站之東鐵綫服務，以便利用日間時段在何文田進行多次道岔及電纜安裝工作，讓東鐵綫原有路段能夠連接新建之過海段。

除了人和車之外，有時候大自然都要讓路予鐵路工程。河道為社區提供怡人的居住環境，而且有助減低城市熱島效應及街道水浸的機會，因此保持河道暢通相當重要。為避免進行額外收地，九鐵選址於屯門河上建造西鐵兆康站及屯門站，工程期間除了在河床上搭建臨時圍堰以分隔地盤及河水外，亦按政府嚴格監督下只能在旱季期間進行車站地基工程，以保障雨季期間河道暢通。除了河水外，樹木也是社區的重要資產，為居民提供清新空氣，因此近年新鐵路工程都開始重視樹木保育工作。二零一三及一四年，港鐵公司安排承建商於前大磡村地盤搬遷兩棵巨型細葉榕，以便騰出空地採用明挖回填方法建造沙田至中環綫的鑽石山站。

鐵路公司廣告曾經有句名言：「當年阻住你唔好意思！」從七十年代市區建造地下鐵路開始，鐵路公司在工程管理上已累積近半世紀的經驗，開始越來越重視工程品質和風險管理。但與此同時亦需要市民的理解和體諒，才能在雙方互信下讓工程得以順利推展。

二零零零年一月，西鐵承建商於正值旱季的屯門河道上建造兆康站地基。（政府新聞處圖片）

二零一三年，沙中綫承建商於鑽石山站地盤曾使用大型吊臂遷移重量約二百噸的細葉榕。該細葉榕至今（二零二四年）仍生長茂盛。

4.2

幾乎全球最嚴：鐵路消防

所謂「不怕一萬，最怕萬一」，在使用量極高的香港鐵路系統中發生事故，若處理不當後果可能會不堪設想。特別是以地底居多的鐵路場所，要預防事故引致重大傷亡，在規劃階段便要在消防基建上做好把關的工作。

4.2.1
「逃出生天」：用在一時的逃生通道

從消防的角度考慮，當遇上緊急事故時，應提供便捷的通道讓乘客迅速逃離現場。因此在設計車站及隧道的佈局時，也要周詳地考慮逃生路徑。

七十年代開始發展地下鐵路系統時，因車站之間的距離普遍較短，故採用較簡單的「連貫疏散」（Linear Evacuation）之隧道逃生方式，特點是依靠載客列車前端的逃生斜道，再沿軌道徒步到鄰近車站的月台到達安全地點。直到九十年代末規劃西鐵項目時，因應走綫經過站距較遠的山岳隧道（如大欖隧道）及地下隧道，九鐵便基於連貫疏散概念的基礎上，再根據未來的營運

環境去發展一套全新的逃生標準，不但首次於全綫的路軌旁設置「疏散旁道」(Evacuation Walkway)，更於隧道內每隔一定距離設置「緊急救援入口」(Emergency Assess Point) 與「橫向通道」(Cross-over passage)，相關標準後來更應用於東鐵支綫上，也成為日後其他新鐵路的消防標準。

「疏散旁道」及「緊急救援入口」示意圖

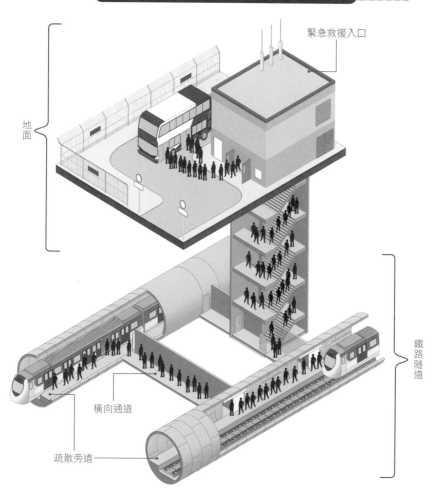

緊急救援入口

地面

鐵路隧道

橫向通道

疏散旁道

157

部分距離地面超過十五米的鐵路高架橋段,都會按消防處的要求於相關路段的「緊急救援入口」內設置消防員升降機。(圖為屯馬綫元朗段第十六號緊急救援入口)

　　至於鐵路車站方面,一般而言以四分鐘三十秒內能夠從月台或大堂疏散到安全地點,及疏散距離不超過五十米為最基本的原則。當發生事故時,停下來的扶手電梯亦可作為其中一條逃生通道使用。因此,無論車站內的扶手電梯、樓梯、出入閘機及出口的數量、闊度與位置都要經過精密計算,確保在車站擠滿乘客的情況下也能夠於四分鐘三十秒內暢順地完成疏散。西港島綫及南港島綫(東段)因部分車站(如西營盤、香港大學及利東站)的位置深入地底,採用傳統的疏散模式難以達到四分鐘三十秒的疏散要求。因此鐵路公司在設計階段時與消防處達成補充協議,容許在這些特殊環境下以升降機作為其中一種疏散途徑。

平時接載乘客來往地面與車站大堂的高速升降機，於火警發生時可當作「輔助逃生升降機」之用。（上：西營盤站、中：香港大學站、下：利東站）

車站內的「緊急出口指示牌」通常設置於各條指定逃生路綫的上方，當遇上緊急事故時就會閃動，為乘客提供一條清晰的逃生路綫。

鐵路車廂內設有逃生指示。

點樣劃條鐵：香港鐵路規劃 101

烏溪沙方向
Wu Kai Sha direction

啟德方向
Kai Tak direction

香港的鐵路行車隧道內普遍每隔二十五米就會設有方向指示牌。

4.2.2

「煙消雲散」：火警濃煙之對策

　　火場內除了大家熟悉的明火外，令人窒息及視野模糊的濃煙也能導致更大的傷亡。根據美國消防協會研究指出，大多數死於火災的致命原因是由於吸入濃煙而非燒傷。因此針對密封空間較多兼且人流較高的鐵路場所，煙霧對策往往比其他建築物更為嚴格。

　　要暢順有序地疏散，首要是控制濃煙來營造一個合適的疏散環境。由於濃煙具有向上飄揚的特點，故此在設計鐵路車站時，整個樓層會預留淨空去劃分一節節的「集煙間」（Smoke Reservoir），以集中暫存火警時所產生的濃煙，而每個「集煙間」及扶手電梯與樓梯的位置更設有「隔煙屏障」（Smoke Barrier），阻止濃煙橫向蔓延到其他車站的區域。

　　在隔絕濃煙的同時，亦需要及時將積聚中的濃煙抽到戶外。

隔煙屏障（屯馬綫屯門站大堂）

因此顧問團隊在設計車站及鐵路隧道時，要考慮如何設置「機械式排煙系統」（Dynamic Smoke Extraction System）及「隧道抽風系統」（Tunnel Ventilation System），兩者的原理大致上都是依靠至少一組大型風扇將火場內的濃煙抽走並注入新鮮空氣，兩套系統皆能透過車站控制室或車務控制中心遙距操控。抽風的速度與容量都按實地面積經過精密計算，確保能為逃生通道提供至少一小時的無煙空間，以便疏散及進行救援工作。

香港以居住人口密度高著名，在保障市民生命財產為前題的考慮上，於香港鐵路系統訂立出全球首屈一指的嚴格消防標準實屬應份。然而，現有的鐵路消防標準未必能完全滿足未來鐵路的需要，當新鐵路要面對前所未有的營運環境時，就要根據既有的原則與過往的經驗度身訂造全新的消防安全規格。除此之外，鐵路營運商與政府部門亦會定期進行保養和演練，令鐵路場所內的消防設備無時無刻都能有效保障市民安全。

因應廣深港高速鐵路（香港段）的二十六公里走綫全為地底隧道，消防處特別為高鐵香港段引入兩部由奧地利生產的「軌路兩用消防車」（**Road Rail Fire Appliance**），以應付長距離隧道的救援工作。

艙 房

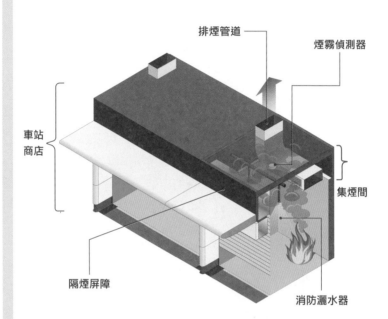

排煙管道

煙霧偵測器

車站
商店

集煙間

隔煙屏障

消防灑水器

車站有林林總總的商店，與同時間也伴隨着高危的火警風險。因此便需要依靠「艙房概念」（Cabin Concept）裡一系列的消防設備，防止火警發生時煙霧蔓延至商店以外的車站區域。艙房概念一詞乃因其外形酷似包廂而得名。

艙房概念源於英國倫敦的史坦斯特機場，其後被廣泛應用於全球各地的鐵路車站與機場。地下鐵路公司與消防相關政府部門於一九九三年共同制訂《大嶼山及機場鐵路消防安全報告》時達成協議，允許於機場鐵路車站大堂的零售區域中引入艙房概念的消防設施。相關的概念往後被應用於千禧後的新鐵路項目上，並且成為現時新鐵路車站的設計標準之一。

▼艙房概念之實際應用的例子

紅磡站

顯徑站

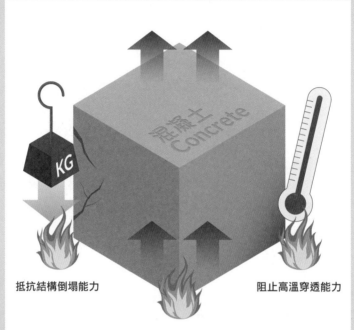

抵抗結構倒塌能力　　　　　　　　　　　　阻止高溫穿透能力

抵抗火焰穿透能力

根據香港消防處規定，鐵路隧道的隔牆或相關逃生設施都必須有最少四小時的耐火時效，因此所使用的混凝土也要符合耐火性能，這類標準通常會以「耐火等級」（Fire Resiatance Rating，簡稱「FRR」）去衡量。

FRR 由三組數字組成，數字以分鐘為單位，分別代表抵抗結構倒塌、抵抗火焰穿透及阻止高溫穿透的能力。一般而言，香港鐵路隧道的混凝土牆，其 FRR 標準最高可達到 240 / 240 / 240。

4.3

要知道怎樣建造，
先要知道怎樣營運

　　鐵路系統究竟是越大規模越好，還是將貨就價興建才好？兩樣都不是！正如在本書第二章內提及，鐵路規劃受城市人口流動所影響，因此設計一條鐵路和相關車站的規模時，要先循各項人口數據與運輸模型整合出該鐵路將會有多少最終的「預計客流量」（Patronage Forecasts）。當我們知道有多少人將會使用鐵路後，便可以計算出所需要的列車數量與車站大小，此外也要從預計客流的去向和分佈制訂未來應採取的營運模式，在設計整條鐵路的軌道配置時配合。這樣的設計才能使鐵路更符合成本與經濟效益。

4.3.1
「左度右度」：列車車卡數目

　　在計算容量之前，我們先要了解「預計客流量」的概念是指繁忙時間最多人乘車時的客量，因此鐵路系統的設計容量都會依據繁忙時間的最高客流量去計算，避免因規劃失誤而造成車廂或

車站過度擠擁的情況。

　　一般而言，香港鐵路車廂的「設計載客容量」是依據歐洲標準以每平方米容納六個人的準則去計算。因此當我們從「預計客流量」中換算出繁忙時間每小時每個行車方向的載客量後，便能大致得出整條鐵路需要多少個車廂和列車班次，再將龐大的客量平均地分散於各個車廂內。

　　當得知需要的車廂數量後，接着便要思考每抽列車需要幾多卡車廂？如果一抽列車的車廂過多但班次過於疏落，會導致車站月台在繁忙時間積聚極多乘客候車，不但影響列車上落客的暢順度，也容易使車站超出負荷。再者，為遷就列車長度，月台長度以至整個車站的面積和設施亦會相應增加，間接提升鐵路項目的建造難度與成本。

鐵路車廂的載客容量

鐵路車廂的載客容量,一般會以負重相關的「**Added Weight(AW)**」為單位。世界各國對於 **AW** 的準則都不盡相同,香港則以每人平均體重為六十五公斤的前題下,通常按 **AW2**(即每平方平站立六人)的標準設計鐵路車廂,但近年由於乘客普遍會在車廂內使用流動裝置,令每個乘客的佔用空間有所增加,現時鐵路公司會以 **AW1**(即每平方平站立四人)為服務標準。

▼沒有載客的車廂(AW0)

▼每平方米容納四個人的車廂(AW1)

▼每平方米容納六個人的車廂(AW2)

正如剛才提到，一抽列車的車卡數目能直接影響月台長度以至整個車站的體積。若擬建車站仍
從兩者之間作出平衡與取捨。

九鐵於二零零四年規劃沙田至中環綫時，建議將九廣東鐵（即現時的東鐵綫）從紅磡站延伸過海
廈的樁柱，香港島沒有足夠的空間建造一個十二卡列車月台的車站，因此為遷就南北走廊香港島
在減少每抽列車車卡的同時，為滿足原訂二零三一年過海段之每小時每方向五萬六千人的最終客
透過平均每九十秒一班列車之頻密班次以彌補減少車卡後的損失。

十二卡中期翻新列車（俗稱「MLR 列車」）

東鐵綫更換新列車是「十

變九

築物林立的地區，車卡越長越會增加技術與工程的難度。因此過往香港有不少的鐵路項目都要

港島，成為一條具策略性的南北走廊鐵路。不過受制於中環及灣仔一帶的地底早已佈滿高樓大

規劃，東鐵綫要改為九卡列車運作。港鐵於二零零八年接手沙中綫項目後也沿用這個安排。

需求，港鐵更換了具有移動閉塞（**Moving Block**）功能的西門子「**Trainguard MT 信號系統**」，

九卡「R 車」

「九」的其中一個重要環節。

班次 ✕ 列車載客量

十二卡時期

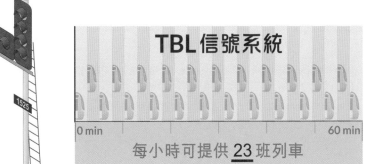

TBL 信號系統

0 min   60 min

每小時可提供 **23** 班列車

✕

九卡時期

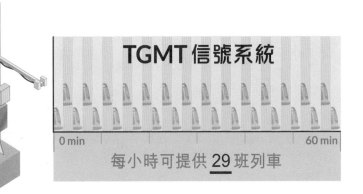

TGMT 信號系統

0 min   60 min

每小時可提供 **29** 班列車

✕

「**Trainguard MT 信號系統**」（俗稱「**TGMT 信號系統**」）比舊有的「**TBL** 信

量示意圖 ‖‖‖‖‖‖‖‖‖‖‖‖‖‖‖‖‖‖‖‖‖‖‖‖‖‖‖‖

: 每小時可載客容量

＝ 59800 人

＝ 59450 人

統」能夠在每小時提供至少額外六班列車，足夠彌補減少三卡車廂後的損失。

4.3.2
「營運助手」：停車側綫

「……再開到去大圍，嗰度嘅乘客只好夾硬迫上車，或者無可奈何等下一班或者再下一班車。」香港電台於一九九零年製作鏗鏘集《齊齊搭電氣化火車》的旁述中，曾經描述過九廣鐵路服務的種種亂象。這些都反映出有些時候列車由起點車站出發後已擠滿乘客的現象，不但使中途站的乘客無法登車，當候車月台人滿為患時，亦會引伸出車站負荷的問題。

要解決這個現象，在營運角度上便需要派遣一部分列車從中途站開始載客，令列車和車站在繁忙時間都能夠運作暢順，因此在鐵路基建上也要提供額外的「側綫」（Siding）或月台支援短途列車的運作。所以規劃一條鐵路時，除了要掌握「預計客流量」的數據外，我們亦需要調查鐵路沿綫的人口分佈情況，找出預計客流量較高的中途車站並在附近增設側綫。

側綫除了為乘客提供額外的加班車服務外，有些時候還可用作「露宿者之家」，讓部分列車於深宵非行車時段內停泊於側綫內，或配合翌日清晨的頭班列車。另外遇上列車在正綫發生故障時，側綫除了可臨時存放壞車，避免影響正綫上其他列車的服務外，亦可用作臨時掉頭，提供有限度的列車服務。

側 線

中間軌道／袋狀軌 (Centre Siding/Pocket Track)

袋狀軌設於兩條行車正綫之中間位置，軌道的兩端皆能夠駛進正綫軌道。袋狀軌在設計上能方便列車中途折返或作臨時停泊之用，有助提供日常的短途列車服務或緊急時暫時停泊故障列車。

正綫軌道

中間軌道／袋狀軌

正綫軌道

環狀軌道 (Loop Track)

環狀軌道通常設於行車正綫的外側，除了與袋狀軌一樣可停泊列車外，亦帶有避讓之功能。屬單綫設計之迪士尼綫，走綫的中間位置便設有環狀軌道，讓兩個車站同時出發的列車能夠互相待避。而部分東鐵綫車站如沙田站的月台過往也擔當了環狀軌道的功能，用作避讓城際直通車。

正綫軌道

環狀軌道

正綫軌道

調頭軌道及壞車軌道
(Turnaround Track and Refuge Siding)

調頭軌道一般常見於重鐵路綫的終點車站，當列車在落客月台完成清客程序後，便會駛往調頭軌道稍停一會，然後再駛回對面月台重新載客。部分調頭軌道的後方更設有壞車軌道，供暫存故障的列車。

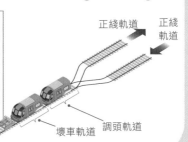

正綫軌道

正綫軌道

壞車軌道

調頭軌道

175

正常班次

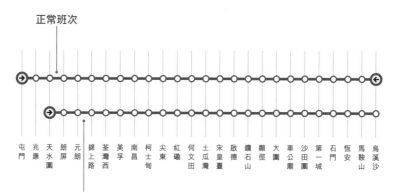

屯門　兆康　天水圍　朗屏　元朗　錦上路　荃灣西　美孚　南昌　柯士甸　尖東　紅磡　何文田　土瓜灣　宋皇臺　啟德　鑽石山　顯徑　大圍　車公廟　沙田圍　第一城　石門　恆安　馬鞍山　烏溪沙

從天水圍袋狀軌開出的短途班次

屯馬綫在正常情況下，平日早上的繁忙時間會從「天水圍袋狀軌」向烏溪沙站方向派出一至兩列空載的短途列車，主要接載天水圍及元朗站新市鎮一帶的乘客。

青衣調頭側綫（Tsing Yi Turnback Siding）

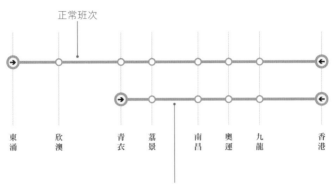

正常班次

從青衣調頭側綫開出的短途班次

東涌　欣澳　青衣　荔景　南昌　奧運　九龍　香港

有鑒於機場鐵路通車初期，青衣新市鎮發展較東涌成熟，再加上機場鐵路定位上會利用荔景站至香港站的一段疏導荃灣綫的客流量。因此在青衣站以西建造了「青衣調頭側綫」提供短途列車以應付上述需要。

4.3.3

「火車要唞氣」：鐵路隧道通風系統

　　人類要不斷呼吸新鮮空氣去保持身體運作，同一道理，鐵路隧道也需要不斷靠「呼吸」維持良好的隧道環境，這個時候便要依賴「通風系統」（Ventilation System），再利用列車行駛時所產生之「活塞效應」，達至隧道換氣的效果。另一方面，香港的氣候較為炎熱，鐵路車輛需要長時間開啟冷氣以滿足乘客需要，與此同時便會為狹窄的隧道積聚熱空氣，因此，若有載客列車因故停留於隧道內，通風系統內的「巨型風扇」便能夠發揮抽走熱空氣的功能，降低隧道溫度，以符合環境保護署制訂之《管理空調公共運輸設施內空氣質素專業守則 —— 鐵路（專業守則 2／03）》的要求。

　　為了節省土地資源，通風設施一般設於車站內，同時為車站及隧道提供新鮮空氣。但一些長距離的鐵路隧道如山岳隧道及海底隧道等等，都會在隧道頭尾兩端設置獨立通風樓，以保障隧道內空氣質素及消防規範下容許頻密的列車班次行駛。

通風樓原理

當隧道內發生火警時，通風系統內的巨型風扇會發揮其功能，一邊的通風樓會抽走隧道裡的濃煙，而另一邊的通風樓則會從戶外往隧道抽入新鮮的空氣，保障乘客疏散時的安全。

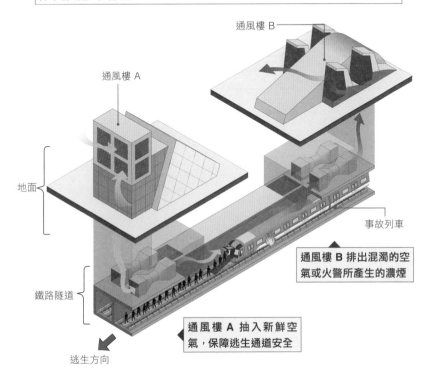

通風樓 B

通風樓 A

地面

事故列車

通風樓 B 排出混濁的空氣或火警所產生的濃煙

鐵路隧道

通風樓 A 抽入新鮮空氣，保障逃生通道安全

逃生方向

巨型風扇

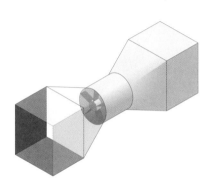

每座通風樓都設有巨型風扇（Massive fans），能按不同情況調整為「抽入」（Intake）或「抽出」（Exhaust）兩種模式。

歷代的鐵路隧道通風井被設計成各種獨特的形狀，並

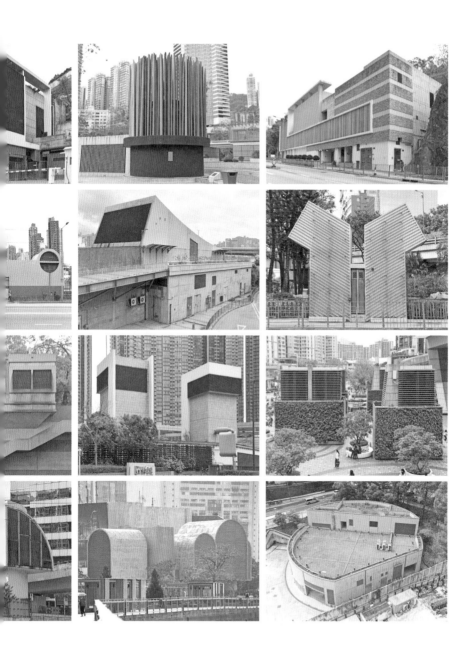

外牆粉飾及綠化工作，使通風井與周邊的環境融合。

點樣劃條鐵：香港鐵路規劃 101

4.3.4
「有數得計」：車站的長闊

　　車站月台的長度主要取決於列車的長度，那麼闊度又如何設計的呢？要找出月台的闊度，首先要知道有多少人在月台上候車。所以在計算「正常服務」情況下的候車人數時，我們要考慮繁忙時段每小時的最高候車人數以及多少分鐘一班列車。當得出候車人數的大數據後，再除以每人零點五平方米的佔用空間及月台長度，便可大概得知每個月台所需的闊度。就以繁忙時段每小時接待三萬候車人次為例，便要提供一個約五米闊的月台以滿足需求。不過實際營運時總會遇上如故障或緊急求助等等突發的情況，因此我們亦需要考慮「延誤服務」時的候車人數，再得出車站月台的最終設計方案。

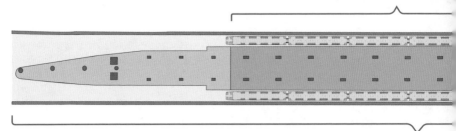

車站月台

月台長度：視乎列車的長度

車站長度

軌道

後勤空間 / 機房

乘客月台

點樣劃條鐵：香港鐵路規劃 101

IIIIIIIIIIIIIIIIIIII 典型的重鐵車站月台示意圖 IIIIIIIIIIIIIIIIIIII

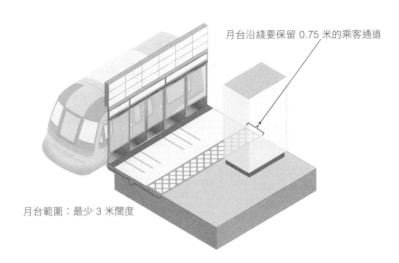

月台沿綫要保留 0.75 米的乘客通道

月台範圍：最少 3 米闊度

勤空間 IIIIIIIIIIIIIIIIIIIIIIIIIIIIIIIIIIIIIIIIIIIIIIIIIIIIIIIIIIIIIIII

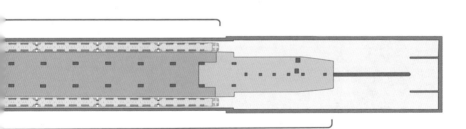

列車

計算好月台面積後便宣告完工？非也！因為鐵路車站除了有乘客「看得見」的公共空間外，也有很多「看不見」的後勤空間，這些後勤空間亦會影響設計一個鐵路車站的規模。後勤空間大致可分類為車站職員專用地方、車站的機電設備空間以及消防專用通道，所有後勤房間都有特定的面積和擺放位置的要求，因此如果在狹窄的都市空間裡設計一個合乎客流量需要並兼顧一系列後勤空間的鐵路車站，可謂一項極具挑戰性的工作。一般來說，為了向乘客提供寬敞的車站環境及保持人流暢順，這類後勤空間普遍都會設置於月台的前後兩端。

過往在香港的鐵路系統中，「車站控制室」（Station Control Room）是每個車站後勤空間裡必備的設施，以用作支援青衣車務控制中心的運作。不過自西港島綫開始，鐵路公司大規模實施「車站分組控制運作模式」（Group Station Control），原理是利用一個車站的車站控制室同時管轄數個鄰近車站的設備。此舉不但減省了人力資源，在設計車站時亦能夠縮小後勤空間的面積，有助節省建造成本。（政府新聞處圖片）

4.3.5
基建設施上的「超前部署」

　　鐵路的基建設施要隨時為客量增長做好準備。正如前文提及，無論車站和整套鐵路系統的規模都會按最終使用量去設計，故此在建造階段亦會衍生出「預留設施」，預留設施的做法不但可以減低日後擴建的難度，而且還能夠避免產生額外的收地成本。

|||||一九七九年的地下鐵路修正早期系統近觀塘道|||||

地鐵修正早期系統建造時經已有八卡長度的月台，但通車初期只以四卡列車營運觀塘至石硤尾之間。直至過海段通車，地鐵客量增長才逐步加至八卡列車行駛。（政府新聞處圖片）

　　為了讓鐵路無時無刻都能符合經濟效益，規劃時會分為「服務初期」（Initial Service）和「最終服務」（Ultimate Service）兩種鐵路營運模式，前者在通車首日會以最低限度的規模和方式營運鐵路，例如透過縮短列車車卡數目或提供稀疏的列車班次，以滿足初期最基本的人口需要。當鐵路因進一步延伸或沿綫人口遞增而帶動龐大的客量後，便可透過少量修改將鐵路系統改以後者的模式營運。筆者認為九廣鐵路（英段）絕對是「超前部署」的代表，早於一九零零年代建造時已在大部分路段預留了雙軌路堤，奠定了六十多年後九廣鐵路現代化的基礎。

二零一五年的馬鞍山綫（近石門交匯處）

首日以四卡列車運作的馬鞍山鐵路，於最初規劃時已定位為日後延伸往市區的策略性鐵路，因此整套鐵路系統包括車站與車廠的結構都以八卡列車作為標準。（政府新聞處圖片）

另一類的基建預留就是考慮與未來鐵路的連接，在規劃時上通常會稱為「保護工程」（Protection Works）。當某個鐵路項目或其他項目施工時，會一併建造未來鐵路的月台或部分隧道結構，目的是避免未來鐵路動工時會影響現有鐵路的土木結構或日常運作。以沙田至中環綫為例，工程團隊已預先建造了部分與東鐵綫重疊之北港島綫的隧道結構。香港有不少鐵路橋樑及隧道預留了接駁位置，方便日後擴建或延伸鐵路。

政府在一九九四年的《鐵路發展策略》中提倡港口鐵路綫（**Port Rail Line**）後，機場鐵路及西鐵建造期間均為該鐵路進行了「保護工程」，分別在橋樑預留淨空（圖片前方）及於美孚站預先建造一部分隧道（圖片後方）。此外，三號幹綫青葵公路的橋樑也預先建造了一點八米高的 **L4** 混凝土防撞欄，為未來港口鐵路綫穿越道路底下作準備。

地鐵公司於九十年代規劃機場鐵路時，曾考慮大嶼山綫（即現時的東涌綫）於醉酒灣延伸一條分支走綫，經過海濱花園一帶前往位於荃灣海旁的「荃灣西站」，方便乘客在該站轉乘屬於另一個獨立走綫的西鐵。

　　預留承載力一直以來都是香港以至世界各地鐵路規劃的特色，政府於二零二三年發表《跨越 2030 年的鐵路及主要幹道策略性研究》時亦重點提及在推展未來鐵路時會着重預留容量，滿足北部都會區人口的需要。説不定未來會有更多新的「地鐵神秘景點」等着大家發掘！

4.4

感覺理所當然的設計
其實得來不易

香港人經常流傳一句佳話「客似雲來，生意興隆」。這句正好反映在車站設計上。當我們計算好車站面積後，接下來就要思考如何善用有限空間，疏散龐大的客流，令車站保持暢通無阻。由於人流方向會影響售票機和出入閘機等客務設施，又或者扶手電梯這類日後難以改動位置的大型設備分佈地點，因此設計車站時在這方面需要更多的思前想後。

4.4.1
由理論到實踐：如何規劃車站的人流

在考慮客務設施的擺位前，我們第一步先要理解人流設計之最基本的概念。首先要讓每件事情都能夠「將複雜簡單化」，譬如我們從地面進入地鐵站去到月台登車的過程中，都要經過繁複的閘機和扶手電梯，反之亦然，故此進行人流規劃時應設計一條最短的路綫讓乘客能完成上述步驟而不需繞道行走。

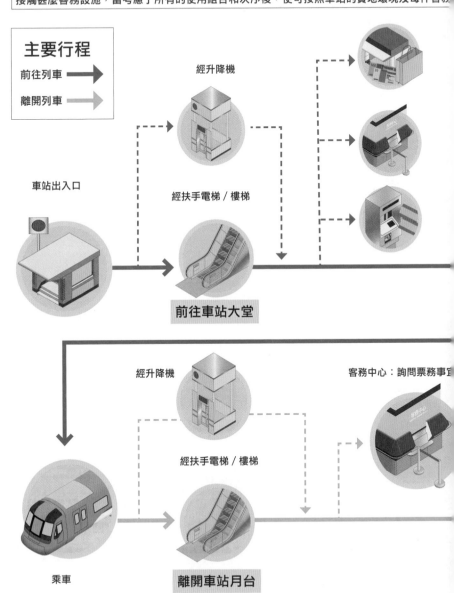

鐵路服務其中一個宗旨是「以人為本」，從使用者的角度思考，設計出能夠迎合乘車習慣的鐵路
接觸甚麼客務設施，當考慮了所有的使用組合和次序後，便可按照車站的實地環境及每件客務

主要行程

前往列車 ➡

離開列車 ➡

經升降機

車站出入口

經扶手電梯 / 樓梯

前往車站大堂

經升降機

客務中心：詢問票務事宜

經扶手電梯 / 樓梯

乘車

離開車站月台

190

路的流程

因此規劃車站的人流方向及設施的擺位前，要先了解包括傷健人士在內所有使用者日常會多
承受能力再進行詳細的人流規劃。

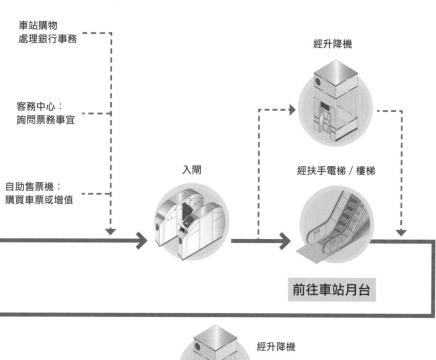

車站購物
處理銀行事務

客務中心：
詢問票務事宜

自助售票機：
購買車票或增值

入閘

經升降機

經扶手電梯／樓梯

前往車站月台

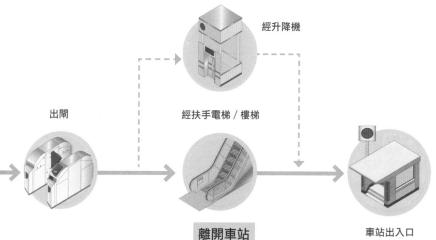

出閘

經升降機

經扶手電梯／樓梯

離開車站

車站出入口

　　最常見的例子如出入閘機及售票機通常都會對應出入口通道旁，而扶手電梯的上落方向亦會盡量遷就出閘或入閘機等。顧問團隊還會利用方程式，根據香港人的平均步行速度（平均每秒一點三五米）、客務設施每分鐘可承受的能力、以及排隊等候使用設施的時間，推算出行程所需的時間甚至找出潛在的樽頸位。

　　設計完最短的步行路綫後，下一步便要想想如何做到「出入分隔」。每當踏入繁忙時間，車站就會同時出現大量登車與落車的人流，試想像一下步行過程中迎頭遇上相反方向的乘客，輕則

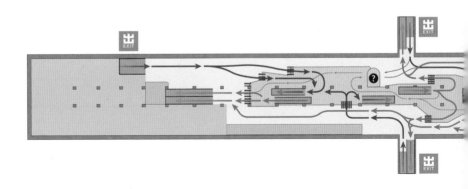

旺角站的「

車站出口

客務中心

升降機

洗手間

進入車站

離開車站

停下禮讓重則先口角繼而動武，最後整個車站的乘客一起成為輸家！因此要避免衝突發生，在進行車站人流規劃時，每一處地方都要明確地分開「進入」與「離開」的人流，而且盡量避免互相交差或重疊。香港於七十年代規劃地下鐵路時已引入相關概念，例如在部分地鐵站出口採用「電梯上樓梯落」的分隔模式，而部分地鐵及西鐵車站更採用「交差上落」的佈局，進一步拉開月台和大堂之間登車與落車的人流距離。

「分隔」方式

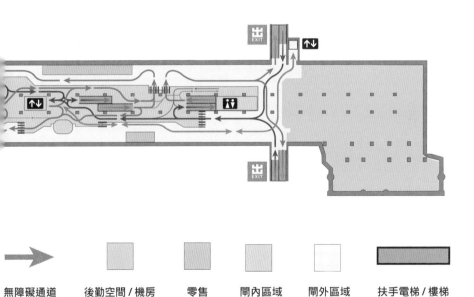

無障礙通道　　後勤空間／機房　　零售　　閘內區域　　閘外區域　　扶手電梯／樓梯

193

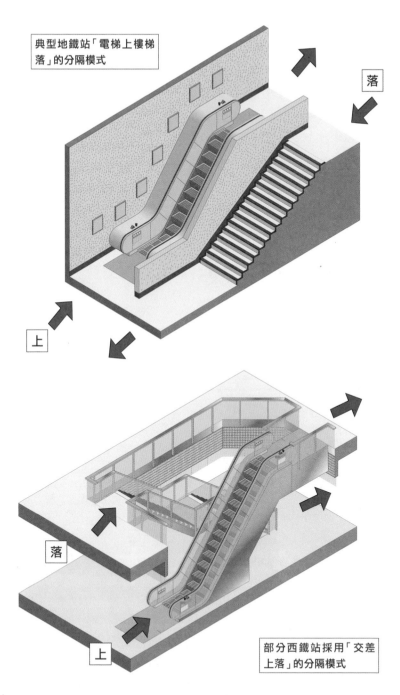

典型地鐵站「電梯上樓梯落」的分隔模式

落

上

部分西鐵站採用「交差上落」的分隔模式

落

上

點樣劃條鐵：香港鐵路規劃 101

當做到「將複雜簡單化」和「出入分隔」後，別忘記也要令通道「保持暢通」。乘客在乘搭鐵路時，有時會因為八達通卡負值，又或者一解口渴之苦，而停留在客務中心、售票增值機或商店附近處理個人事務。正值繁忙時段的話，便可能同時有數百人停下來處理個人事務，這樣就會造成阻塞通道，不利於疏導人流。因此在設計車站大堂時，便要劃分一些寬敞的空間予排隊設施，而且這些空間在設計上也不會與人流通道重疊。

站在營運鐵路的角度上，人的因素是一門很重要的課題，市民的生活習慣會直接影響車站的流暢度。因此除了要有良好的車站規劃外，亦要依賴鐵路營辦商制訂一系列客流管理措施，應對如重要節日或大型公眾活動時的額外人流，務求讓每一位乘客都能享受良好的乘車體驗。

4.4.2
由實踐到改良：車站的輔助設施

即使貫徹了前一節所提及之概念進行人流規劃，若要令概念行之有效，「導向指示牌」（Signage）在車站裡發揮功不可沒的角色。如果缺乏清晰的指示牌引導乘客，乘客在車站中就像走進迷宮裡，永遠都找不到目的地。指示牌主要分佈於車站出入口、大堂及月台上各類客務設施旁，並通常設置於人流通道的上方，即使從遠處都能清楚看見，讓乘客步行到分岔路之前有足夠時間判斷自己的行程路綫。多年來地下鐵路公司不斷改良指示牌的資訊，例如一九九五年為車站各個出入口加入英文字母，以進一步提升空間的易達性。

‖‖‖‖‖‖‖‖ 鐵路車站內的導向指示牌 ‖‖‖‖‖‖‖‖

　　以往當鐵路普及時，部分人卻「有鐵用不得」。皆因早年設計地下鐵路及電氣化火車的車站時，受到周邊的地理環境所限及缺乏相關法例，針對殘疾人士的設施相對貧乏。因此地鐵和九鐵於九十年代中陸續檢討並有限度地加設如「盲人引導徑」及「輪椅升降機」等傷健設施，並從機場鐵路及九廣西鐵的系統中全面引入「無障礙設施」的概念，讓傷殘人士能暢通無阻地使用鐵路設施。現時的鐵路場所都受《殘疾歧視條例》及《建築物條例》的規範，在可行情況下陸續改善舊有車站的無障礙設施。

　　近年香港社會開始提倡歐美流行的「通用設計」（Universal Design），讓有需要人士都能在心靈無障礙之下使用鐵路設施，在預計人口老化日益增加的香港社會中，通用設計更適合應用於新鐵路車站內。

嚴重傷殘者 地車不歡迎

按地鐵公司發言人余先生說，由於耗費龐大，他們不考慮設升降機以方便需要乘坐輪椅之傷殘人士，至於可以自己行動或祇需拐杖之傷殘人士，他們將會於樓梯旁設有扶手，故此該等傷殘人士可有機會使用地下鐵路。

余氏認為倘將興建升降機的費用撥於路面系統的改善以便傷殘人士，會來得更有價值；況地鐵建成後，乘客會很多，車廂內逐不可能有太多空間讓乘輪椅之傷殘人士乘坐。

> 昔日地下鐵路公司以成本及空間不足為理由，不考慮在鐵路場所增設傷健設施。（《新報人》，一九七八年三月二十二日，節錄）

七十年代建造地鐵系統時，地下鐵路公司轄下開設了一個設計部門，並首次於香港引入「導視系統設計」（Wayfinding System Design），設計師根據各種視覺原理與香港本土文化的觀察所得，在考慮車站的實際環境後，度身設計各類型的導向指示牌。雖然導向版面格式在機場鐵路時期曾有所修改，但

▼修正早期系統時期的地鐵式指示牌。

▼從九廣西鐵開始採用的九鐵式指示牌。

指 示 牌

當中較為聞名的「地鐵宋」字體有部分也一直被沿用至今。

九廣鐵路公司建造西鐵時，亦重新製作了一套標記系統。當中所應用的中文字「蒙納黑體」與地鐵宋一樣源自柯熾堅設計師的手筆。「西鐵標準」於兩鐵合併前亦應用於東鐵支綫的新車站裡。

▼由機場鐵路採用至今的地鐵式指示牌。

4.4.3
「出乎預料」：車站出入口的分佈

　　「要走就要走，搵呢度嘅出口」，出入口的主要功能是連接車站大堂與公共街道，方便市民進出鐵路車站。出入口選址除了要方便乘客直接前往主要目的地外，在設計上亦要方便接駁其他公共交通工具，鼓勵市民使用鐵路。在啟德及將軍澳等新發展區建造的鐵路車站，由於在規劃上能與其他設施互相配合，因此車站地面出入口的環境相對寬敞。相反，在發展成熟的地區興建地鐵站出口通常會遇上不少限制，例如要考慮日後路面交通的流暢度，又或者因需要搬遷公共設施而引起居民的不便。因此在技術可行下會利用「地役權」，徵收現有大廈內的空間建造鐵路車站出入口。

在啟德新發展區的整體規劃之下，啟德站地面一帶辟作「啟德車站廣場」，為使用車站出入口的乘客提供良好的步行環境。

西港島綫堅尼地城站的出入口設計上與公共交通交匯處結合，方便乘客轉乘小巴前往未有鐵路服務的薄扶林地區。

鐵路公司於東九龍舊區規劃沙田至中環綫土瓜灣站時，選擇佔用部分車流量較少的內街道路設置車站出入口，避免馬頭圍道的交通出現樽頸效應。

　　除了連接地面公共街道的出入口外，還有「綜合入口」（Integrated Entrances）。這種出入口通常設有蓋通道直接連接商場或住宅平台，常見於以「鐵路加物業模式」發展的住宅及商場。這類綜合入口不但進一步節省步行時間，亦有助減少公共街道的擠迫。但值得留意的是，由於「綜合入口」獨立於一般的出入口，因此根據消防署規定不能用作其中一種疏散通道。

車公廟站一號月台設有「綜合入口」直接通往住宅平台。

早於二零零三年啟用的屯門站，在設計上已預留三個「綜合入口」的結構，以連接二零一三年建成的大型商場。

　　早年的車站出入口規模都較小，甚少出現如機場鐵路奧運站般要使用長通道作對外連接。但自二零一零年代起，長通道開始在新鐵路項目中被大量應用，以西港島綫為例，考慮到要覆蓋更多人口及受到走綫設計的限制，車站結構在地理上不能接近地面，因此需建造長通道出入口通往近海旁的舊區及半山區，鐵路公司為此參考了機場鐵路香港站的經驗，在部分通道設置「自動行人步道」，讓行動不便的乘客以較便捷的方式使用長通道。而沙田至中環綫的宋皇臺站雖然選址於啟德發展區內，但為了涵蓋九龍城及馬頭圍舊區的居民，鐵路公司也因此建造了兩條長通道出入口繞過繁忙的道路。

奧運站設於高速公路中間，因此所有出入口都要依賴較長的天橋通道連接附近商場。

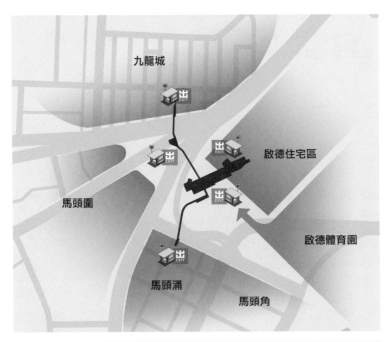

九龍城

啟德住宅區

馬頭圍

啟德體育園

馬頭涌

馬頭角

宋皇臺站分別設有兩條長通道（B 出口及 C 出口），跨越繁忙的路面連接九龍城及馬頭涌一帶舊區，不但使鐵路服務能夠涵蓋更多居民，也為居民提供多個橫越兩區的通道，為當區經濟帶來雙贏局面。

4.5

重鐵不是過山車

4.5.1
「忽忽急轉彎」：鐵路彎道

人人都説興建鐵路最好是筆直的，既簡單又方便。可惜在現實世界中設計一條鐵路的走綫時，總會受到地理因素和周邊建築物的種種限制，又或者在規劃角度上希望更貼近人口較密集的地方，走綫便無可避免地轉出九曲十三彎。但鐵路的彎道並不是從地圖上就可以隨意地勾畫出來，要設計出合乎鐵路運作的彎道就需經過一輪物理計算。

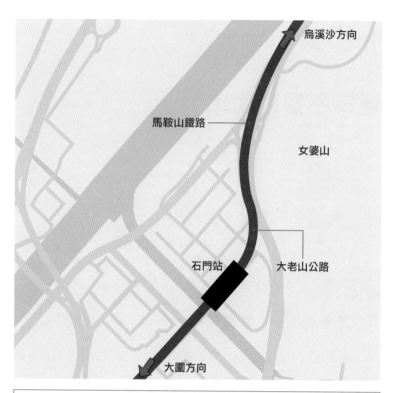

烏溪沙方向

馬鞍山鐵路

女婆山

大老山公路

石門站

大圍方向

> 昔日規劃馬鞍山鐵路時，為了避免開挖高成本的隧道，石門站與大水坑站之間的走綫都繞過女婆山，與毗鄰的大老山公路平行，因此部分路段的彎度較急。

　　簡單而言，鐵路的彎道都以半徑值作為計算單位，不過在實際設計時就要考慮更多鐵路工程學的因素，例如鐵路車輛前後兩端的轉向架能否暢順地通過彎道、車輛通過彎道時會否超出界限（Kinematic Envelope）而碰撞到路軌旁的設備。當中更重要的是工程師也要考慮日後列車高速通過彎道時所產生的離心力，會否釀成出軌意外等等的安全隱患，在個別情況下便會按彎道的數據應用「超高」（Cant）原理抵銷離心力，甚至在營運時於相關路段長期實施車速限制，以平衡通過彎道時的乘客舒適度。

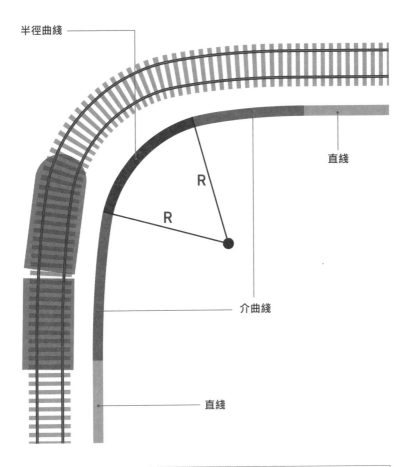

半徑曲綫

直綫

R

R

介曲綫

直綫

鐵路車輛從直綫駛進彎道前會經過「介曲綫」（Transition Curves），減低車輛駛進彎道時所產生的強烈震盪。

知

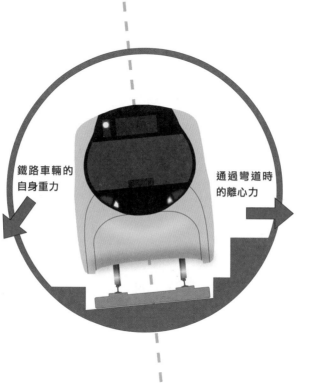

▼超高例子（

鐵路車輛的
自身重力

通過彎道時
的離心力

「超高」通常伴隨着鐵路彎道而出現，路軌兩邊會被設計成一邊較高而另一邊較低，使列車通過彎道時會向較低路軌的一側傾斜。這時便要利用鐵路車輛的自身重力，與離心力互相抗衡。超高可以使列車在安全情況下高速通過彎道，增加整體鐵路的運載能力及舒適度。

輕便鐵路近山景橋

▼超高例子（二）：機場鐵路近大陰頂

因彎道限制而影響鐵路走綫設計的例子多不勝數。就以九鐵於二零零一年規劃九龍南綫時為例，其中一個選項「九龍公園徑定綫」曾考慮以彎道方式穿過香港基督教青年會（YMCA）的地底，再沿九龍公園徑地底前往廣東道站及九龍西站（即現在的柯士甸站）。然而顧問團隊於技術研究中提及有關走綫除了要面對

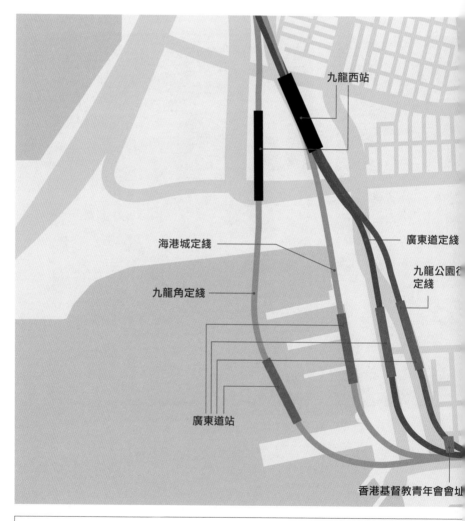

九龍西站

海港城定綫

廣東道定綫

九龍公園徑定綫

九龍角定綫

廣東道站

香港基督教青年會會址

二零零一年九

收回 YMCA 土地所需的額外成本外，亦發現半徑僅有一百八十米的鐵路彎道只能讓列車以時速四十五公里通過，大大限制了九龍南綫的列車班次以至整條九廣西鐵的可載客容量，最終因不符合成本效益而被「廣東道定綫」取代。

紅磡站

尖東站

綫的走綫選項。

在鐵路工程學上，鐵路彎道可謂數學、物理學、營運安全及效率上交織出來的結晶品。

4.5.2
「火車都要瀡滑梯」：鐵路斜道的迷思

正如曲率半徑一樣，鐵路的走綫同樣會因應地理環境及實際營運需要，被設計出數段陡峭的軌道。一般就重型鐵路而言，由於每一卡鐵路車輛的重量至少數十噸，在地心吸力的作用下要將整列數百噸的列車爬上斜道，首要是克服坡度（Gradient）的阻力。再者，因車輪與路軌皆是摩擦力較低的金屬製品，故相比起使用輪胎的路面汽車，鐵路車輛能夠爬上斜路的能力會更為力有不逮。因此當鐵路坡度過於陡斜時，列車就需要更大的牽引動力去應付坡度，相對上亦需要更多電力支援牽引動力，可能會增加營運額外成本。

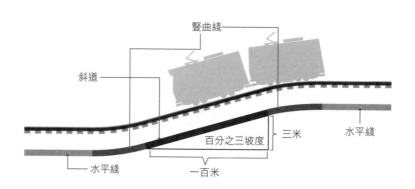

豎曲綫

斜道

百分之三坡度

三米

水平綫

水平綫

一百米

鐵路坡度一般以千分率或百分率（香港較常採用後者）的數值去表示，數值越高代表斜道越斜。而平路與斜道之間也設有「豎曲綫」，與介曲綫一樣能減低車輛通過時的強烈震盪。

坡度的實際應用一：輕鐵（鳴琴站及青雲站）

輕鐵鳴琴站及青雲站之間一段走綫，因應地勢而設計成「V」字型的斜道。

坡度的實際應用二：重鐵（荔景站及葵芳站）

荃灣綫荔景站及葵芳站之間的高架橋，因要避過荃灣路及遷就葵芳站月台而被設計成斜道。

在兩鐵合併前，地鐵和九鐵曾共同提倡沙田至中環綫的鑽石山站採用跨月台轉乘方案，後來顧問團隊再次就此方案深入研究後發現，當東西走廊的列車離開鑽石山站後，前後的隧道因需要短距離內從下方或上方繞過現有的觀塘綫行車管道，在合乎整體走綫規劃的大前題下，將無可避免地要設計出斜度達百分之四的軌道。然而，由於東西走廊規劃上要兼容現有西鐵和馬鐵的列車（即SP1900列車），因此需要面對該款列車的性能無法行走軌道斜度達百分之四的技術難題。此外，跨月台轉乘方案工程也會對乘客及龍翔道產生滋擾，計劃最終以通道轉乘取而代之。

在香港，理想情況下鐵路的斜度不應超過百分之三。若遇上

鑽石山站跨月台轉乘方案及鄰近走綫示意圖

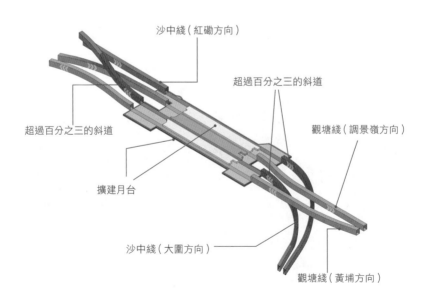

沙中綫（紅磡方向）

超過百分之三的斜道

超過百分之三的斜道

觀塘綫（調景嶺方向）

擴建月台

沙中綫（大圍方向）

觀塘綫（黃埔方向）

特殊情況，也容許在特定條件中使用百分之四的斜道。例如南港島綫（東段）因需要遷就香港仔海峽大橋的淨空及利東站的地底位置，故兩者之間的路段斜度為百分之四點二九，成為香港重型鐵路系統中（截至二零二三年）斜道最陡峭的路綫。鐵路公司為此度身訂造整列三卡皆為動力車卡的南港島綫列車，以應付行走該路段。

由此可見，鐵路規劃除了要貫徹鐵路工程學的理論外，還可能要顧及現有鐵路系統的限制。當項目牽涉現有鐵路之延綫，或鐵路公司期望新鐵路能夠與現有鐵路系統共用鐵路車輛時，在設計階段便要考慮現有鐵路的數據，再思考如何達至新舊兼容。

SP1900 列車性能示意圖

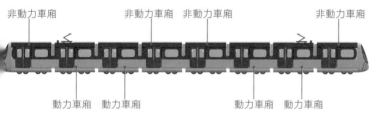

非動力車廂　　非動力車廂　非動力車廂　　　　非動力車廂

動力車廂　動力車廂　　　　動力車廂　動力車廂

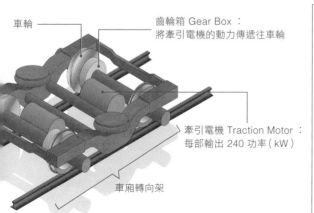

車輪

齒輪箱 Gear Box：
將牽引電機的動力傳遞往車輪

牽引電機 Traction Motor：
每部輸出 240 功率（kW）

車廂轉向架

SP1900 列車受先天性設計限制所影響，只容許以四輛動力車卡及四輛非動力車卡組成一列八卡列車。由於八卡的 SP1900 列車最多能輸出 3840kW 的功率，在爬升大約百分之三的斜度時已較為吃力。若沙中綫鑽石山站實行跨月台轉乘方案，便需要改造 SP1900 列車或購置全新列車取代，增添額外成本。

第五章

規劃要跟得上變化

5.1

目光要懂得看長遠一點

5.1.1
規劃趕不上變化的歷史教訓

　　人總有錯誤，最重要是從失敗中學習，半世紀前香港交通規劃尚未成熟，相關知識僅能參照當時已有經驗的英國，將當地設計「搬字過紙」並稍為改良，惟事實證明這並不完全適合香港。二戰後香港人口急增，港府在新界設立新市鎮以紓緩市區房屋壓力，並以九廣鐵路（英段）作為連接市區與市郊新市鎮的主要交通工具，然而，其近郊鐵路系統的設計在完成電氣化後不足十年，已明顯無法應付當時持續增長的客流量。

　　沿綫車站佈局的設計未如地鐵系統般講求效率，車站通道往往容易出現樽頸位，客流控制存在極大隱憂，其次，系統對長遠發展的考慮（Future-proof）未夠周全，以致日後進行擴展及升級時遇上相對較多的困難。以太和站為例，所有連接九龍方向月台的扶手電梯都集中於同一位置，不利乘客分散候車，即使透過擴建來解決樽頸，但需為車站結構作出不少改動，構成一定難度。

九廣鐵路（英段）一九八一至一九九一年日均乘客量

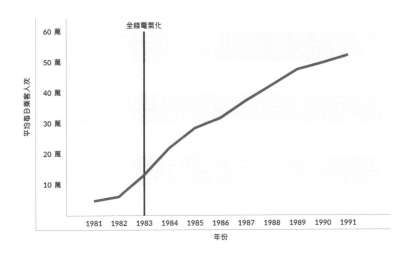

電氣化初期的九龍塘站車站結構，往新界方向的乘客集中於一處入閘，亦集中於月台近扶手電梯的位置候車。

沙田站部分月台位置比較狹窄，對乘客構成一定的安全隱憂。

　　香港的地理所造就的人口分佈和密度是世界上獨一無二的，不同國家和城市的發展模式大為不同，交通規劃需融入在地化元素，才能發展出一套迎合當地條件的運輸系統。而香港對公共交通有較高的需求，規劃經驗前車可鑒，因此設計鐵路系統要對未來有所準備，不論在硬件或軟件上都可因應日後需要作出改變，使鐵路服務得以與時並進，回應時代的需求。

5.1.2
預留設施 —— 用不着，至少不是建不了

　　在閱讀過第二至四章後，或許都明白鐵路基建是大工程，要推行一項工程並非輕而易舉。香港發展步伐急促，多年來各份《鐵路發展策略》均規劃出不同新鐵路路綫或延伸，新項目有機會改動營運中的鐵路設施，引致各種銜接問題，更甚者需要將它們「砍掉重練」，對營運者及乘客構成極大干擾。優良的鐵路規劃需要加以考慮未來發展，容許鐵路設施有一定的改建及擴展空間，減少未來工程對已建成設施造成影響，興建新鐵路項目的設計團隊會在潛在的未來工程位置，提供相應的預留空間或結構。

　　九十年代末至千禧年代是香港鐵路發展的黃金時期，由一九九八年起的十一年間共有十三個新鐵路項目通車，在鐵路發展蓬勃的背景下，該段時期興建的鐵路因應《鐵路發展策略2000》的網絡拓展計劃，為《策略》中的擬建項目留下不少預留基建。九廣西鐵屬於西部走廊鐵路的一部分，但整個西部走廊鐵路的成本高昂導致需要分階段興建，優先動工的九廣西鐵順利成章稱為西鐵（第一期），第二期則指港口鐵路綫及北環綫部分，原打算在第一期完成後另作撥款興建，使第一期的設計中添加了不少相關的預留設施。

西部走廊鐵路路綫圖

點樣劃條鐵：香港鐵路規劃 101

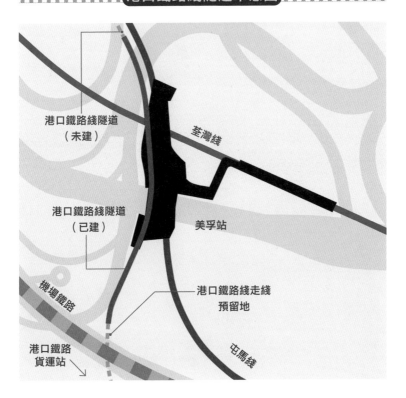

港口鐵路綫隧道示意圖

港口鐵路綫隧道
（未建）

荃灣綫

港口鐵路綫隧道
（已建）

美孚站

機場鐵路

港口鐵路綫走綫
預留地

港口鐵路
貨運站

屯馬綫

如今乘坐屯馬綫途經錦上路站以北的高架橋，會發現存在不少閒置的分支結構，它們便是在第一期工程中完成，用以連接當年北環綫高架橋的預留設施。而最大型的預留設施莫過於隱藏在荔枝角公園地底的港口鐵路綫隧道結構，長達六百米的雙綫隧道在興建美孚站時一併施工，其結構與美孚站融為一體。若當年的西鐵（第二期）計劃得以推行，高架橋的預留分支結構避免了在西鐵營運時於高架橋結構上進行大型工程，減低對影響西鐵營運的風險；港口鐵路綫隧道因結構與車站相連，預留意味着毋須再次在荔枝角公園範圍施工，減少對鄰近居民的滋擾，如果不作預留下興建美孚站，待需要建造該隧道之時，難度將大幅增加。

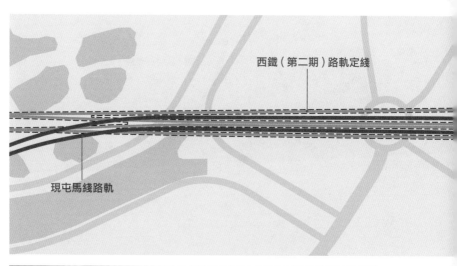

錦上路站以

西鐵（第二期）路軌定綫

現屯馬綫路軌

錦上路站以北高架橋已建及未建結構，可見當年預留了充足的空間。

好景不常，二千年代初香港人口增長放慢，經歷亞洲金融風暴及「沙士」打擊後，古洞、新田、牛潭尾等計劃中的新市鎮被迫延後發展，加上鐵路貨運業務萎縮，第二期工程動工之日遙遙無期。二十年後的今天，港口鐵路綫早已擱置，北環綫的規劃出現了翻天覆地的變化，西鐵（第一期）的預留基建最終未能發揮其功用。

近年，鐵路公司汲取了過往「過度預留」的教訓，簡化預留設計以減少浪費資源。畢竟世事難料，很難百分百確定預留位置最終能否被利用，因此要在預留的規模和成本間取得平衡，避免「大花筒」後得物無所用。

架橋示意圖

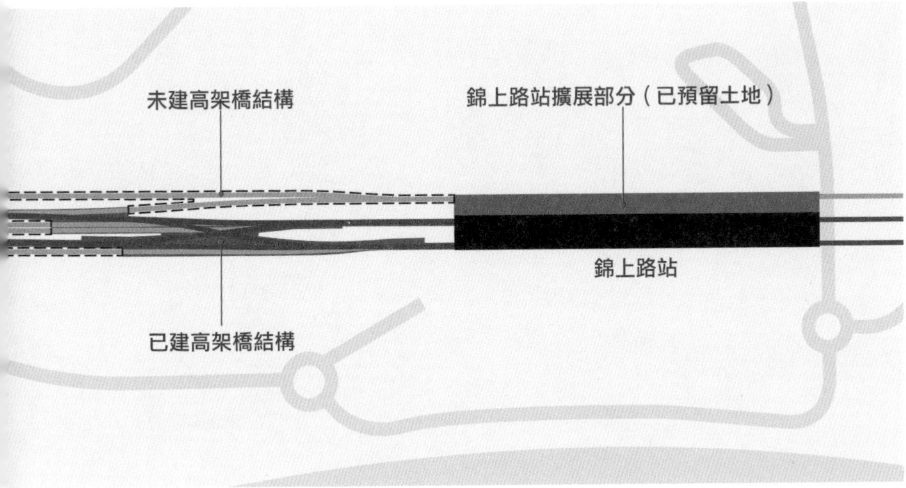

未建高架橋結構

錦上路站擴展部分（已預留土地）

已建高架橋結構

錦上路站

竹 篤 灣 鐵

現今的迪士尼綫前稱為竹篙灣鐵路，第一章已提及過原本是
西部外走廊鐵路的其中一段，因此地鐵在此項目預留了全綫
雙軌化的可行性。由迪欣湖至迪士尼站之間明顯可看到已預

▼竹篙灣鐵路雙軌化的設計

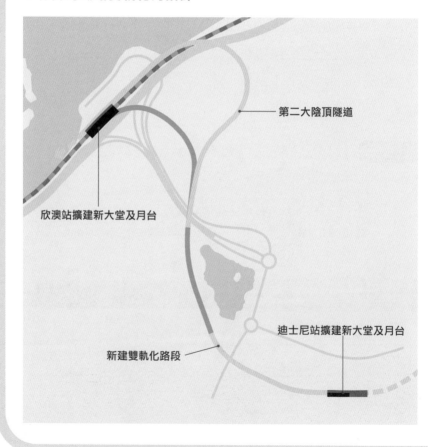

第二大陰頂隧道

欣澳站擴建新大堂及月台

迪士尼站擴建新大堂及月台

新建雙軌化路段

留了雙軌的空間，迪士尼站亦有雙軌化的設計，而且除了較多人知道的欣澳站預留月台用地，鮮為人知的還有第二大陰頂隧道。

▼竹篙灣鐵路雙軌化預留地

圖中路軌左方是竹篙灣鐵路雙軌化的預留地。（**Andy Yan** 攝）

5.2

可加可減：價值工程

　　鐵路基建所費不貲，自然希望建設的資金能用得其所，鐵路項目規劃是透過循序漸進地研究整個系統的各方面來取得進展，其中一步是造成理想與現實差別的價值工程（Value Engineering）環節，往往左右了鐵路項目的最終成品。

　　價值工程的目的在於平衡整體成本與項目價值，有助項目團隊了解各方面可改進的地方，例如使用者體驗、成本考慮、建造風險等。在鐵路項目的研究及設計階段，設計團隊會先建立出不同的鐵路方案，然後透過價值工程評估各方案的利弊，篩選出整體最優勝的一個作進一步詳細研究。

價值工程的評估方法

評估準則 1	評分	排名
方案 1	2	4
方案 2	6	3
方案 3A	8	2
方案 3B	8	2
方案 4	10	1
方案 5A	8	2
方案 5B	8	2

評估準則 2	評分	排名
方案 1	10	1
方案 2	6	3
方案 3A	6	3
方案 3B	8	2
方案 4	2	5
方案 5A	4	4
方案 5B	2	5

評估準則 3	評分	排名
方案 1	6	2
方案 2	8	1
方案 3A	4	3
方案 3B	8	1
方案 4	4	3
方案 5A	4	3
方案 5B	8	1

評估準則 4	評分	排名
方案 1	0	4
方案 2	8	1
方案 3A	6	2
方案 3B	6	2
方案 4	4	3
方案 5A	6	2
方案 5B	8	1

評估分析	總分
方案 1	18
方案 2	28
方案 3A	24
方案 3B　**出線！**	30
方案 4	20
方案 5A	22
方案 5B	26

價值工程的評估類似評分制度，以最高分者勝出，並成為詳細研究的對象。

5.2.1

慳得一蚊得一蚊?

　　價值工程經常被了解為節省成本的過程,而事實的確如此,減少成本的最佳方法莫過於「不做」,把不符合效益的設計刪減,或延後興建未來發展需要的設施。基建成本可分為兩種:建設成本及維護成本,前者是一次性的支出,後者則是落成後的定期開支,「不做」正可同時節省上述兩種開支,令成本效益得以控制於理想範圍內。

示例車站:
車站啟用時只有一條路綫服務,但已規劃未來另有新綫在此交匯,設計時已打算提供跨月台轉乘設計

Day1 Operation －車站啟用之日

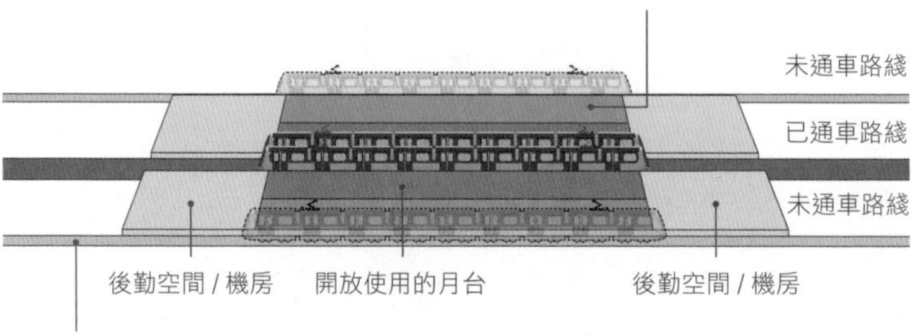

月台已建成但不開放使用

未通車路綫

已通車路綫

未通車路綫

後勤空間 / 機房　　開放使用的月台　　後勤空間 / 機房

預留路基結構,留待他日鋪設路軌

論最佳的示範例子，是其如何影響鐵路預留設施的規模。為鐵路系統預留長遠發展的設施固然重要，不過相關設施在營運初期（Day1 operation）未能充分利用，營運者又要消耗資源進行維護，一併興建並非明智之舉。價值工程會檢視預留的需要定出合適的規模，常見的做法是暫緩興建一些結構，改為只預留空間。

用階段示例

Day2 Operation – 未來另一條新綫通車

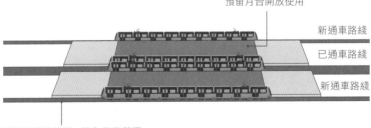

預留月台開放使用

新通車路綫

已通車路綫

新通車路綫

預留結構被使用，投入日常營運

東鐵綫過海段十卡預留位

東鐵綫過海段的新車站已建成第十卡的月台結構，但仍需後期修葺和安裝機電設施才能使用。

將軍澳綫設計上原打算在繁忙時段,將軍澳北及將軍澳南各平分一半班次(一班來往寶琳站,一班來往康城站),因此將軍澳支綫進行價值工程時,地鐵基於寶琳站的設計班次數據,認為該站的雙月台設計屬於不必要的額外開支,並建議修改成單月台,有關改動為鐵路公司節省兩億元的建設成本。雖然該次價值工程在數據上的確善用資源,但事實上大家有目共睹,寶琳、坑口的居民多年來與康城居民就將軍澳綫班次問題上有過不少爭拗,畢竟價值工程只是看數據,人為因素並非輕易能掌握。

5.2.2
花錢要花得精明

我們消費者都希望貨品或服務物有所值,價值工程的實用之處正是了解該物原有的價值,再思考有否提升其價值的因素。參與鐵路項目發展的團隊,包括鐵路營運方及顧問公司,各方會在價值工程環節提出不同的改善建議,經過檢討及商議來決定加以研究哪些建議。兩鐵合併後在沙中綫的初步研究階段期間,項目團隊就改善東鐵綫沿綫車站進行相關的價值工程,包括將火炭站兩個大堂打通。

價值工程改善建議示意圖

修改方案 F

修改方案 D

修改方案 A

修改方案 B

修改方案 G

修改方案 E

修改方案 C

> 價值工程工作坊有點像意見收集箱，不同人會拋出各式各樣的建議，讓項目團隊各方一起探討。

　　九鐵在西鐵通車後仍有繼續北環綫的規劃，雖然沿綫新市鎮受社會環境影響延後發展，仍無阻鐵路公司研究項目的決心。鐵路公司因應當年情況重新檢討北環綫的定位，在缺乏來自新市鎮的客源下項目需縮減規模，經過價值工程的評估後，決定刪除古洞的分支綫，並改以洲頭站轉車方案作替代。

落馬洲

洲頭

古洞

走綫方案：
古洞 ＋ 落馬洲
只往古洞
只往落馬洲
只往洲頭

走綫方案：
地底
高架

新田

牛潭尾

凹頭

錦上路

九鐵北環綫（二零零五年方案）曾考慮多種走綫，價值工程最終確定洲頭站轉車方案為最具成本效益。

12 卡車站設計

車站長度：400 - 540 米

後勤空間 / 機房　　　　月台長度：~290 米　　　　後勤空間 / 機房

9 卡車站設計

車站長度：264 - 480 米

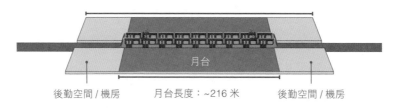

後勤空間 / 機房　　　　月台長度：~216 米　　　　後勤空間 / 機房

> 九廣西鐵受惠於價值工程，放棄原先十二卡列車的設計規格，車站規模因而縮減，解決了部分車站設計上的問題。

5.3

現實可以殺個措手不及

5.3.1

都是外在環境的影響！

　　凡事不是絕對的，鐵路網的規劃設計與城市規劃相輔相成，鐵路作為一項交通運輸工具，本意就是連繫人們，難免要不斷地適應和回應社會變化萬千的環境。不同年代制定的《鐵路發展策略》都是由政府主導的交通網絡策略，因此鐵路公司在規劃鐵路營運網絡的發展時，很大程度是被牽着鼻子走，能否成事仍待看政府取態。即使一項鐵路計劃的前期工作準備十足，只差臨門一腳便可落實，也可能會敵不過各式各樣的外在因素阻撓，最後功虧一簣。

　　在第一章便提及過的北港島綫項目，多年來的推展過程可謂九曲十三彎。地鐵從九十年代中起多次為北港島綫進行規劃研究，做了多份相關研究，至二零零三年政府宣佈押後項目時，北港島綫的項目團隊已差不多準備好提交環境評估報告。及後數年，鐵路公司仍有定期就項目進行更多更新研究，估計二十年來

最少進行了四次工程可行性檢討，只可惜在二十年後的二零二三年，項目再一次被押後發展，鐵路公司當年雄心壯志的大計，在城市規劃方向的改變下再次要塵封於倉底。

　　在兩間鐵路公司尚未合併時，各自對港九的鐵路網絡有不同規劃打算，為此在不同鐵路項目上曾多番針鋒相對。作為資本社會的香港，營運鐵路也是講求收益回報，雙方均不希望自身利益受損，特別是地鐵於二零零零年成為上市公司後更為顯著。地鐵途經土瓜灣一帶的東九龍綫計劃成為沙中綫項目後，仍希望獲得相關營運權，可惜不獲政府青睞，被九鐵這個「外部勢力」擊敗。

5.3.2
工程突發事件

　　規劃過程都是根據可獲取的數據來制定鐵路項目的興建方法，而鐵路項目步入施工階段絕對少不了現實世界的意外事件，設計時光紙上談兵又怎能成功？不論處理大小事情，風險評估及管理是基本的項目制定程序。

　　負責鐵路項目的團隊要為各種施工工序進行全面分析，識別各工序潛在的風險，包括但不限於天氣條件、地質環境、人為失誤、技術問題等各方面考慮。在識別風險後，團隊需制定應對策略，透過緩解措施來減少影響，例如提供更寬鬆的施工期，與各種持份者進行溝通及協商。同時亦要着手從源頭減少風險的成因，以有效降低風險發生的可能性，確保項目順利完工。

　　風險管理以外，施工工序亦可因實際環境作出更變。南港島綫工程下金鐘站被大幅擴展，成為市中心的大型轉車站，擴展部分涉及在原有港島綫月台底部進行挖掘，並進行底部支撐工程（Underpinning），挖掘過程中施工團隊發現該處地質比預期中良好，挖掘工程得以作出修改並成功縮短相關的施工工期。有時候也會有例外，沙中綫工程在興建宋皇臺站期間發現宋元時期的歷史遺跡，事件導致宋皇臺站工程需暫時停工，及後鐵路公司為回應社會訴求，亦有刻意修改車站整體設計。

風險級別

意外後果的級別	明顯影響	頗大影響	重大影響	嚴重影響	災難性影響
安全影響程度	造成少量人員輕傷	造成較多人員輕傷/少量人員重傷	造成較多人員重傷/少量人員死亡	造成大量人員重傷/較多人員死亡	造成大量人員死亡
財政影響程度	較低	低	中度	高	較高
進度影響程度	滯後幾星期	滯後數星期-幾個月	滯後幾個月	滯後幾個月-近一年	滯後近一年
環境影響程度	短暫影響	中度影響	工程期間全程受影響	嚴重的永久性破壞	嚴重的永久性破壞可導致物種滅絕
信譽影響程度	獲傳媒及鄰近社區關注	獲國際傳媒及更多市民的關注	獲國際傳媒關注/須向立法會交代	引起公眾抗議/政府須干預	大眾完全失去信心/被褫奪項目管理權

發生機率					
非常大機會發生					極高風險
頗大機會發生					
大機會發生				高風險	
少機會發生			中等風險		
非常少機會發生	低風險				

鐵路規劃上會根據工序意外發生機率和意外製造的成本區分風險級別，有助設計團隊及早管理風險。

東鐵綫會展站興建期間發現三枚二戰時期炸彈後,隨即報警,並安排鄰近一帶進行疏散,保障工地人員及市民安全,突顯項目風險管理的重要性。

風險評估及管理的重要性

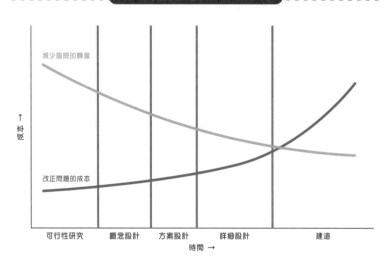

不同識別風險的時期,改正問題的機會也不同。

宋皇臺站施工期間發現的 J2 井位置,直至本書截稿前仍未進行重置,暫以混凝土底板填上。

附錄

附錄（一）

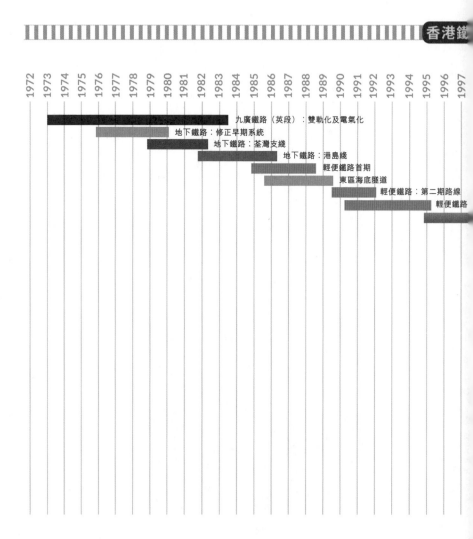

| | | | | | | | | | | | | | | | | | | | | | | | | | |
|1972|1973|1974|1975|1976|1977|1978|1979|1980|1981|1982|1983|1984|1985|1986|1987|1988|1989|1990|1991|1992|1993|1994|1995|1996|1997|

九廣鐵路（英段）：雙軌化及電氣化

地下鐵路：修正早期系統

地下鐵路：荃灣支綫

地下鐵路：港島綫

輕便鐵路首期

東區海底隧道

輕便鐵路：第二期路線

輕便鐵路

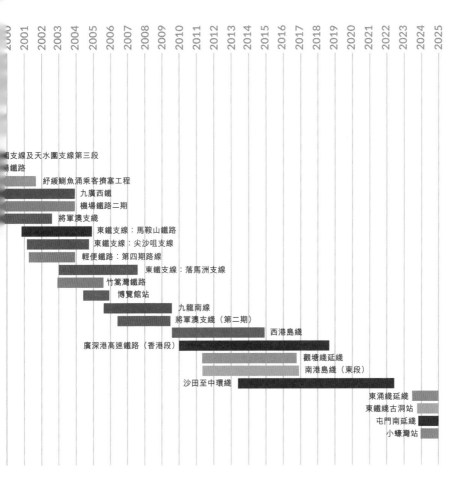

造里程碑

2000 2001 2002 2003 2004 2005 2006 2007 2008 2009 2010 2011 2012 2013 2014 2015 2016 2017 2018 2019 2020 2021 2022 2023 2024 2025

支線及天水圍支線第三段
場鐵路
紓緩鰂魚涌乘客擠塞工程
九廣西鐵
機場鐵路二期
將軍澳支綫
東鐵支綫：馬鞍山鐵路
東鐵支綫：尖沙咀支綫
輕便鐵路：第四期路綫
東鐵支綫：落馬洲支綫
竹篙灣鐵路
博覽館站
九龍南綫
將軍澳支綫（第二期）
西港島綫
廣深港高速鐵路（香港段）
觀塘綫延綫
南港島綫（東段）
沙田至中環綫
東涌綫延綫
東鐵綫古洞站
屯門南延綫
小蠔灣站

規劃地圖

附錄（三）

工程項目名稱	現今路段（2024 年）	其他名稱
修正早期系統	觀塘綫（觀塘至油麻地段） 荃灣綫（太子至中環段）	--
荃灣支綫	荃灣綫（太子至荃灣段）	--
港島綫	港島綫（柴灣至上環段）	--
東區海底隧道	觀塘綫（觀塘至藍田服務聯絡綫段） 將軍澳綫（藍田服務聯絡綫段至鰂魚涌段）	--
輕便鐵路：第二期路綫	輕鐵（鳳地至杯渡段） 輕鐵（兆麟至兆禧段及三聖總站）	屯門支綫、屯門碼頭至友愛支綫、 屯門東北支綫、三聖支綫
九廣輕鐵：天水圍支綫及 天水圍支綫第三段	輕鐵（坑尾村至天瑞段） 輕鐵（翠湖至天榮段）	--
機場鐵路	東涌綫（香港至東涌段） 機場快綫（香港至機場段）	大嶼山綫
紓緩鰂魚涌乘客擠塞工程	將軍澳綫（鰂魚涌至北角段）	鰂魚涌支綫、鰂魚涌紓緩擠塞工程、 紓緩鰂魚涌擠塞工程、 紓緩鰂魚涌轉車站擠塞工程、 鰂魚涌紓緩擠塞工程之延展掉車隧道
九廣西鐵	屯馬綫（屯門至南昌段）	西部走廊鐵路、西鐵（第一期）
機場鐵路二期	東涌綫（奧運至荔景段及南昌站）	--
將軍澳支綫	觀塘綫（藍田至調景嶺段） 將軍澳綫（藍田服務聯絡綫段至寶琳段） 將軍澳綫（將軍澳站至將軍澳車廠段）	--
東鐵支綫：馬鞍山鐵路	屯馬綫（大圍至烏溪沙段）	--
東鐵支綫：尖沙咀支綫	屯馬綫（紅磡至尖東段）	--
九廣輕鐵：第四期支綫及 預留區支綫	輕鐵（頌富至天悅段） 輕鐵（天榮至天水圍段）	--
東鐵支綫：落馬洲支綫	東鐵綫（上水至落馬洲段）	--
竹篙灣鐵路	迪士尼綫全段 東涌綫（欣澳站）	--
九龍南綫	屯馬綫（尖東至南昌段）	九龍南環綫、西鐵綫延伸
將軍澳支綫（第二期）	將軍澳綫（康城站）	將軍澳南站
西港島綫	港島綫（上環至堅尼地城段）	港島綫西延
廣深港高速鐵路（香 港段）	高速鐵路（香港西九龍至福田段）	區域快綫
觀塘綫延綫	觀塘綫（油麻地至黃埔段）	觀塘綫延伸
南港島綫（東段）	南港島綫全段	--
沙田至中環綫	屯馬綫（大圍至紅磡段） 東鐵綫（紅磡至金鐘段）	沙田綫、東九龍綫、東西走廊、 南北走廊、屯馬綫一期、 第四條過海鐵路、東鐵綫過海段
東涌綫延綫	東涌綫（東涌至東涌西段及東涌東站）	東涌西延綫
屯門南延綫	屯馬綫（屯門至屯門南段）	屯馬綫延綫

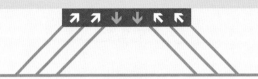

鳴謝
Acknowledgments

專題及資訊協助

鐵路規劃涉獵多項專業範疇，由城市規劃、土木工程、社會科學以至制度變遷都環環緊扣。不少範疇都超越了筆者的認知範圍，特此感謝相關專業的組織 / 人士提供重要資料，並且為筆者的文章進行核實和修正，務求令本書的內容更加準確。

Aaron KEI 紀俊安 @ 火車未到站

Anson NG

Gary YAU 邱益彰 @ 道路研究社

Ir 1

Maximilian LI 李俊賢 @ 街道變革

Riders

Tony NG 伍庭朗 @ 香港鐵路網 HKRDB

地圖資訊整理

本書所刊載之地圖設有道路網絡，供讀者易於辨識過往鐵路規劃的實際位置。由於相關地圖製作工序較為複雜及費時，感謝邱益彰慷慨提供其著作《香港道路探索 —— 路牌標誌 x 交通設計》內之地圖並加以修改。

Gary YAU 邱益彰 @ 道路研究社

Jacky TAM 譚俊傑 @MTR 之今昔

圖像協助

雖然本書的插圖主要由筆者負責繪製，不過有賴以下人士為插圖作前期準備及後期修飾工序，使圖像能夠以最精緻的角度呈現於公眾眼前。

Henry CHEUNG 張晉豪 @ 香港鐵研

Jaden LAI 賴翊朗

Kyle CHENG 鄭啟宏 @ 香港鐵研

Matthew HE 何文輝 @ 香港鐵研

Riders

Stanley CHAN 陳涇源 @ 香港鐵研

攝影協助

其中一位筆者身處外地，有賴以下人士進行拍攝工作為本書補充各種圖片，特此感謝協助使資訊解說更豐富完整。

Andy YAN 甄耀聰

Bengo LIN 林鎧斌

Henry CHEUNG 張晉豪 @ 香港鐵研

Matthew YIP 葉卓熙

技術協助

特此感謝以下人士為本書製作團隊提供接載服務及高空拍攝照片。

Herman LEE 李光祐

Sunny TSE

相片提供

特此感謝以下機構 / 組織 / 人士為本書提供部分年代較久遠的照片。

Information Service Department 香港政府新聞處
Rail Connection 連 · 繫 · 鐵路
Tony NG 伍庭朗 @ 香港鐵路網 HKRDB
香港電車文化保育學會

參考文獻

References

第一章

1.1

政府統計處（2024），《香港統計月刊　2024年3月》。摘自：https://www.censtatd.gov.hk/en/data/stat_report/product/B1010002/att/B10100022024MM03B0100.pdf

政府統計處（2024），〈人口估計表110-02001：按區議會分區劃分的陸地面積、年中人口及人口密度〉。摘自：https://www.censtatd.gov.hk/tc/web_table.html?id=110-02001

規劃署，〈香港土地用途〉。摘自：https://www.pland.gov.hk/pland_tc/info_serv/open_data/landu/

運輸署（2023），〈運輸資料年報2023　第五章：公共交通〉。摘自：https://www.td.gov.hk/mini_site/atd/2023/tc/section5-12.html

運輸及物流局及運輸署（2023），〈東鐵綫過海段投入服務後的運作情況及客量變化〉，香港：沙田區議會　交通及運輸委員會。摘自：https://www.districtcouncils.gov.hk/st/doc/2020_2023/tc/committee_meetings_doc/TTC/23041/st_ttc_2023_017_tc.pdf

港鐵（2024），2023年報。摘自：https://www.mtr.com.hk/archive/corporate/ch/investor/annual2023/CMTRAR23.pdf

Berliner Verkehrsbetriebe（2024）. *GESCHÄFTSBERICHT 2023*. Retrieved from https://unternehmen.bvg.de/wp-content/uploads/2024/04/BVG-Geschaeftsbericht-2023-1.pdf

GVB（2023）. *Financieel resultaat*. Retrieved from https://jaarverslag.gvb.nl/gvb-in-2022/financieel-resultaat

London Assembly（2024）. *Question TfL Recovery Ratio*. Retrieved from https://www.london.gov.uk/who-we-are/what-london-assembly-does/questions-mayor/find-an-answer/tfl-recovery-ratio-0

點樣劃條鐵：香港鐵路規劃101

MTA（2023）. *Farebox Recovery and Operating Ratios 2023 Adopted Budget and Actuals*. Retrieved from https://new.mta.info/document/105806

台北捷運（2023），2022 台北捷運公司年報。摘自：https://www-ws.gov.taipei/001/Upload/405/relfile/18288/7592/4f9f0c33-869e-435c-bfd3-cd152fee80f3.pdf

1.2

政府統計處（2021），〈2021 年人口普查〉。摘自：https://www.census2021.gov.hk/tc/district_profiles.html

運輸及房屋局（2008），〈立法會參考資料摘要　沙田至中環綫及地鐵觀塘綫延綫〉，香港：立法會

香港立法會（2008），〈會議過程正式紀錄（2008 年 10 月 30 日星期四）〉。摘自：https://www.legco.gov.hk/yr08-09/chinese/counmtg/hansard/cm1030-translate-c.pdf

1.3

運輸及房屋局（2008），〈立法會參考資料摘要　沙田至中環綫及地鐵觀塘綫延綫〉，香港：立法會

Xue, Charlie Qiuli & Sun, Cong（2018）. *How Much Development Can a Rail Station Lead? A Case Study of Hong Kong.* Council on Tall Building and Urban Habitat Korea

The World Bank（2018）. *Urban Population（% of total population）- Hong Kong SAR China.* Retrieved from https://data.worldbank.org/indicator/SP.URB.TOTL.IN.ZS?locations=HK

Preston, J.M.（1992）. *Passenger Demand Forecasting for New Rail Services - Manual of Advice.*

Tessa Wordsworth（2010）. *Station Usage and Demand Forecasts for Newly Opened Railway - Lines and Stations.* Retrieved from https://assets.publishing.service.gov.uk/media/5a7997aced915d07d35b6af2/demand-forecasting-report.pdf

WYG Environment Planning Transport Limited（2020）. *How far do people walk?.* Retrieved from https://rapleys.com/wp-content/uploads/2020/10/CD3.38-WYG_how-far-do-people-walk.pdf

第二章

2.1

運輸及房屋局（2009），〈廣深港高速鐵路香港段　乘客量預測、經濟效益及營運可行性評估〉，香港：立法會交通事務委員會　鐵路事宜小組委員會

2.2

Glenn Frommer（2000）. *Noise Control Engineering for the Airport Railway in Hong Kong-Setting the Standards.* United States：Noise/News International

Kowloon Canton Railway Corporation（1998）. *West Rail Final Assessment Report - West Kowloon to Tuen Mun Centre Environmental Impact Assessment.*

2.3

Robert Cervero（1998）. *The Transit Metropolis-A global inquiry.* United States：Island Press.

Civil Engineering and Development Department（2017）. *Report on Identification of Suitable Green Public Transport Modes.*

Dragages Hong Kong. *Projects：Bridge - Kwun Tong Bypass - Phases II & III.* Retrieved from https://dragageshk.com/project/kwun-tong-bypass-phases-ii-iii/

2.4

Railway Development Office（2010）. *Railway Ordianance（Chapter 519）General Layout Plan Sheet 35-36 of 53.* Hong Kong Government：Highway Department.

星島日報（2007），〈地鐵反對「門常開」政府總部添變數〉。

香港鐵研（2023），【謎之鐵路規劃 - 第二集】北港島綫（第二節）| 規劃 30 年都未起嘅香港市區鐵路項目？而家仲搞緊啲咩？ 美國：YouTube。摘自：https://youtu.be/ySu4DSJMtm4?si=Fo-Yl1gdxzy52bnV

Transport for London（2015）. *Bank Station Capacity Upgrade - fact sheet 12 Timescales*. Retrieved from https://content.tfl.gov.uk/bcsu-factsheet12-timescales.pdf

Tam, Angela（2001）. *Relief from the long and winding road.* The Hong Kong Institution of Engineers. Retrieved from https://www.hkengineer.org.hk/issue/vol29-oct2001/cover_story/

2.5

地下鐵路公司（1979），〈地下鐵路公司一九七九年年報〉。

MTR Corporation（2016）. *The MTR Project Journal Issue 6.*

Kowloon Canton Railway Corporation（2007）. *A New Way to Cross - Lok Ma Chau Spur Line.*

第三章

3.1

黃大仙關注沙中綫大聯盟（2010），〈反對在黃大仙設置任何形式的沙中綫車廠〉，香港：第三屆黃大仙區議會第十八次會議。

運輸局（2000），《鐵路發展策略 2000》。

環境運輸及工務局（2006），〈綜合《營運協議》〉，立法會《兩鐵合併條例草案》委員會。

Anthony LAM（2011）. *Fire Safety in Mass Transport Underground Systems.* Hong Kong：The Hong Kong Institution of Engineers. Retrieved from http://fe.hkie.org.hk/FireDigest/Document/Images/20110525165620925/20110525165620925.pdf

3.2

連繫鐵路（2013），〈鐵路發展中的公眾參與〉，香港：獨立媒體。摘自：https://www.inmediahk.net/ 鐵路發展中的公眾參與

港鐵公司（2011），《港鐵動力：36 載情與事》。

港鐵公司（2013），〈港鐵公司在鐵路項目的社區聯絡工作〉，立法會交通事務委員會　鐵路事宜小組委員會

火車未到站（2021），〈以嶄新方式作新鐵路項目社區諮詢同時 亦應考慮舉辦諮詢會以充分聆聽社區意見〉。摘自：https://www.facebook.com/train.not.arriving/photos/pb.100064480398637.-2207520000/6050917451615966/?type=3

港鐵公司（2012），〈新鐵路綫工程涉及的投訴及補償申索的處理機制〉。摘自：https://www.legco.gov.hk/yr11-12/chinese/panels/tp/tp_rdp/papers/tp_rdp0423cb1-1663-1-ec.pdf

3.3

新聞公報（1999），〈九廣鐵路公司推出一百億港元債券發行計劃〉，香港：香港特區政府。

The World Bank（2017）. *Railway Reform: Toolkit for Improving Rail Sector Performance Case Study: Hong Kong MTR Corporation.*

運輸及房屋局（2011），〈立法會參考資料摘要 南港島綫（東段）財務安排〉，香港：立法會

運輸及房屋局（2009），〈廣深港高速鐵路香港段 乘客量預測、經濟效益及營運可行性評估〉，香港：立法會交通事務委員會 鐵路事宜小組委員會

運輸及房屋局（2011），〈立法會參考資料摘要 觀塘綫延綫財務安排〉，香港：立法會

運輸及房屋局（2009），〈沙田至中環綫—主體工程的撥款申請〉，香港：立法會交通事務委員會 鐵路事宜小組委員會

九廣鐵路（2003），〈西鐵票價簡報〉，香港：立法會交通事務委員會。摘自：https://www.legco.gov.hk/yr02-03/chinese/panels/tp/papers/tp0801cb1-2335-1c.pdf

第四章

4.1

Department of Justice（1974）*Chapter 276：Mass Transit Railway (Land Resumption and Related Provisions) Ordinance.* Hong Kong：Government of Hong Kong.

Department of Justice（1997）*Chapter 519：Railways Ordinance.* Hong Kong：Government of Hong Kong.

布政司署運輸科（1997），〈鐵路條例草案委員會（會議紀要）1997 年 1
月 9 日〉，立法局鐵路條例草案委員會。

香港鐵研（2017），〈規劃前瞻 -「鐵路專用範圍」（Railway Reserve）〉。
摘自：https://www.facebook.com/RDG.hk/posts/pfbid02Cvwdvu
HDnSuPiffqfRBqxx8pTowoSwVC9tS2uGnNnw5Vhzz9Q9VnjhCS8
burLwuDl

滄海遺珠 | Alternative HK（2021），〈【香港鐵路史補遺】地下奇「譚」：
馬頭圍鐵路預留設施初探〉。摘自：https://medium.com/ 滄海遺
珠 -alternative-hk/ 香港鐵路史補遺 - 地下奇 - 譚 - 馬頭圍鐵路預留設
施初探 -5f5eb73fb5f3

李凱（2001），〈你聽説過建在河流上的火車站嗎？今天封頂的香港西部鐵
路屯門車站就建在河流上〉。香港：新華社。

《明報》（2015），〈樹冠全保留　增存活率　港鐵斥 300 萬搬兩樹〉。摘
自：https://www.mingpaocanada.com/TOR/htm/News/20150622/
HK-gha1.htm?m=0

4.2

香港消防處（2013），〈新鐵路基建設施消防安全規定制訂指引〉。

The Assoication of Registered Fire Service Installation Contractors
of Hong Kong Limited（1996）. *FSICA Newsletter Winter 1996
Issue No.2.*

Elaine M. Bush（2015）. *Smoke inhalation is the most common cause
of death in house fires.* United States：Michigan State University.
Retrieved from https://www.canr.msu.edu/news/smoke-
inhalation_is_the_most_common_cause_of_death_in_house_fires

4.3

運輸及房屋局（2014），〈港鐵列車的可載客量和載客率〉，立法會交通事
務委員會　鐵路事宜小組委員會。

ARUP（2006）. *The Arup Journal 2006 Issue 3.*

Environmental Protection Department（2003）.Practice Note for
Managing Air Quality in Air-conditioned Public Transport
Facilities, Railway. Retrieved from https://www.epd.gov.hk/epd/
sites/default/files/epd/english/resources_pub/publications/files/
pn03_2.pdf

4.4

郭斯恒（2023），〈《香港造字匠 2》地鐵 40 年前的導視系統設計：「一個簡單的指示牌設計，已是大學問」〉，臺灣：關鍵評論網。摘自：https://www.thenewslens.com/article/196705

蘇煒翔（2015），〈市長請參考：1982 年版港鐵指標規範手冊〉，臺灣：Justfont。摘自：https://blog.justfont.com/2015/04/kp-check-this-out/

吳思揚（2020），《誌同道合 —— 香港標牌探索》，香港：非凡出版。

香港傷健協會（2021），〈無障礙環境及通用設計〉。摘自：https://hkphab.org.hk/wp-content/uploads/2021/07/Barrier-free_environment_and_universal_design_20130201v.pdf

4.5

蕭潔恒（2012），《鐵道技術總合百科（綫路、軌道及信號篇）》，香港：共和媒體。

第五章

5.1

政府統計處（1992），《Hong Kong Annual Digest of Statistics 1992 年》。摘自：https://www.censtatd.gov.hk/en/data/stat_report/product/B1010003/att/B10100031992AN92E0100.pdf

Transmark (1979). KCR Kowloon Tong Station Fire Services Layout Concourse Level. Government of Hong Kong: Kowloon Canton Railway.

Building Department（2003）. *Railway Lines of The Kowloon - Canton Railway Corporation - West Rail（Phase I）Railway Protection Plan（KCR/WR/RP/120）Sheet 20.*. Retrieved from https://www.bd.gov.hk/doc/en/resources/codes-and-references/ScheduledAreas/KCR-WR-RP-120.pdf

Building Department（2012）. *Kowloon - Canton Railway Corporation Railway Protection Plan Mei Foo Station & Tunnels（KCR/WR/RP/140 - Rev 2）*. Retrieved from https://www.bd.gov.hk/doc/en/resources/codes-and-references/ScheduledAreas/KCR-WR-RP-140.pdf

Building Department（2012）. *Kowloon - Canton Railway Corporation Railway Protection Plan　Mei Foo Station & Tunnels（KCR/WR/RP/141 - Rev 2）*. Retrieved from https://www.bd.gov.hk/doc/en/resources/codes-and-references/ScheduledAreas/KCR-WR-RP-141.pdf

運輸及房屋局運輸科（2009），〈運輸及房屋局運輸科的施政綱領〉，香港：立法會經濟發展事務委員會。摘自：https://www.legco.gov.hk/yr09-10/chinese/panels/edev/papers/edev1016cb1-18-2-c.pdf

明報（2024），〈北環綫採地底走綫　錦上路往古洞料 12 分鐘〉。摘自：https://news.mingpao.com/pns/%E6%B8%AF%E8%81%9E/article/20230609/s00002/1686248213639/%E5%8C%97%E7%92%B0%E7%B7%9A%E6%8E%A1%E5%9C%B0%E5%BA%95%E8%B5%B0%E7%B7%9A-%E9%8C%A6%E4%B8%8A%E8%B7%AF%E5%BE%80%E5%8F%A4%E6%B4%9E%E6%96%9912%E5%88%86%E9%90%98

經濟局（1999），〈有關香港迪士尼樂園計劃的介紹文件〉，香港：立法會。摘自：https://www.legco.gov.hk/yr99-00/chinese/hc/papers/brief-c.pdf

5.2

Tam, Angela（2002）. *The development of the MTR Tseung Kwan O extension.* Hong Kong：Insitu Publishing.

環境運輸及工務局（2006），〈立法會參考資料摘要　北環綫及廣深港高速鐵路香港段〉，香港：立法會

Kwok, E.C.S., Anderson, P.M., Ng, S.H.S.（2009）. *Value engineering for railway construction projects: Cost driver analysis.* Institution of Mechanical Engineers UK

5.3

運輸及物流局（2023），《香港主要運輸基建發展藍圖》。摘自：https://www.tlb.gov.hk/doc/Hong%20Kong%20Major%20Transport%20Infrastructure%20Development%20Blueprint%20(Chinese).pdf

鍾妍（2022），〈東鐵過海段｜會展站佈局曝光付費區內有廁所　將展出二戰炸彈彈殼〉，香港：香港 01。摘自：https://www.hk01.com/ 社會新聞 /742792/ 東鐵過海段 - 會展站佈局曝光付費區內有廁所 - 將展出二戰炸彈彈殼

R. Lau & R. Cook（2020）. *Design and Construction of the Island Line Underpinning at Admiralty Station, Hong Kong.* Retrieved from https://library.ita-aites.org/wtc/1916-design-and-construction-of-the-island-line-underpinning-at-admiralty-station-hong-kong.html

Laing O'Rourke（2016）. Major award win for Hong Kong Project 901, Admiralty. United States：YouTube. Retrieved from

https://www.youtube.com/watch?v=N83wyYJBauU&ab_channel=LaingO%27Rourke

沙田區議會秘書處（2020），〈沙田區議會　交通及運輸委員會　容溟舟先生提問〉，香港：沙田區議會　交通及運輸委員會。摘自：https://www.districtcouncils.gov.hk/st/doc/2020_2023/tc/committee_meetings_doc/TTC/18944/st_ttc_2020_025_tc.pdf

附錄

Hong Kong Government（1979）. Report for the year 1978.

九廣鐵路公司（1989-1993），輕鐵指南。

點樣劃條鐵

香港鐵路規劃 101

Timothy Chan & Owen Leung
@ 香港鐵研 HKRDG

責任編輯	陳珈悠
裝幀設計	Sands Design Workshop
排　　版	Sands Design Workshop
印　　務	劉漢舉

出　　版　　非凡出版
香港北角英皇道 499 號北角工業大廈 1 樓 B
電話：(852) 2137 2338　傳真：(852) 2713 8202
電子郵件：info@chunghwabook.com.hk
網址：http://www.chunghwabook.com.hk

發　　行　　香港聯合書刊物流有限公司
香港新界荃灣德士古道 220-248 號
荃灣工業中心 16 樓
電話：(852) 2150 2100　傳真：(852) 2407 3062
電子郵件：info@suplogistics.com.hk

版　　次　　2024 年 7 月　初版
2024 年 8 月　第二次印刷
©2024 非凡出版

規　　格　　32 開（220mm x 150mm）

ISBN　　978-988-8862-00-9